John Haggai

Raus aus dem Schneckenhaus

Wie überwinde ich die Mauern der Einsamkeit?

JOHN HAGGAI

RAUS AUS DEM SCHNECKEN-HAUS

Wie überwinde ich die Mauern der Einsamkeit?

Schulte & Gerth

Die amerikanische Originalausgabe erschien im Verlag
Kobrey Press, Atlanta, Georgia,
unter dem Titel „How To Win Over Loneliness“

Aus dem Amerikanischen übersetzt von Stefan Loß

Die Bibelzitate wurden der Lutherbibel
in der revidierten Fassung von 1984 entnommen.

Best.-Nr. 815 388
ISBN 3-89437-388-1
1. Auflage 1995
Umschlaggestaltung: Olaf Johannson
Titelfoto: SPOON, Christian Roth
Satz: Typostudio Rücker & Schmidt
Druck und Verarbeitung: Ebner Ulm
Printed in Germany

Inhalt

Vierter Teil:
KOMMEN SIE MIT ANDEREN INS REINE

Erster Teil:

Bereiten Sie sich vor

Gemeinsam allein

Es überrascht Sie vielleicht, zu hören, daß ich mich in meinem Leben sehr oft einsam gefühlt habe.

In meiner Jugend war ich schwächlich und schüchtern. Deshalb war ich einsam. Meine ersten Schritte habe ich kurz vor meinem zweiten Geburtstag gemacht. Ich habe kein Wort gesprochen bis kurz vor meinem dritten Geburtstag. Als ich dann sprechen konnte, war ich so schüchtern, daß mein Vater sogar damit gedroht hat, mich zu verprügeln, wenn ich nicht mit unseren Gästen zu Hause rede. Ein bißchen schüchtern bin ich auch heute noch. Wenn ich gute Freunde im Hoteleingang stehen sehe, dann stehle ich mich lieber still und heimlich an ihnen vorbei, als in ein Gespräch verwickelt zu werden.

In meiner Kindheit hat mich meine Schüchternheit von anderen Menschen isoliert. Wenn diese ihre Gefühle offen zeigten, war mir das peinlich. Ich erinnere mich noch genau an eine Begebenheit, als ich sechs Jahre alt war. Damals ging ich in unser Wohnzimmer und sah, wie meine Eltern sich umarmten. Sofort murmelte ich eine Entschuldigung und zog mich schnell zurück.

Wenn ich selbst umarmt wurde, war mir das noch unangenehmer. Meine Eltern merkten das, und deshalb wurden sie vorsichtig, wenn sie ihre Liebe durch Küsse und Umarmungen ausdrücken wollten. Bei mir hielten sie sich viel mehr zurück, als bei meinen Brüdern Tom und Ted. Daß das Problem bei mir selbst lag, war mir nicht bewußt. Ich sah nur, daß die anderen öfter umarmt und geküßt wurden als ich. Daraus schloß ich, daß ich das am wenigsten geliebte Mitglied der Familie sei und deshalb wohl ein Adoptivkind sein müsse. Ich erinnere mich daran, daß ich als Achtjähriger viele einsame Stunden damit verbrachte, mich mit dem Gedanken zu trösten, daß ich, wenn ich schon nicht geliebt würde, wenigstens glücklich sein könnte, in so einer netten Familie zu leben. Wenn ich schon adoptiert war, mußte ich doch wenigstens nicht auf der Straße leben.

1932 endlich gab es gute Nachrichten für mich. Der Lehrer in der dritten Klasse erklärte uns, daß bei jeder Geburt eine Geburtsurkunde ausgestellt wird, auf der alle wichtigen Informationen über die Eltern, das Geburtsdatum, das Geschlecht und den Ort der Geburt stehen. Ich war außer mir vor Freude und rannte nach Hause, um es meiner Mutter zu erzählen. Aber meine Mutter war seltsam ausweichend.

„John Edmund", sagte sie, „es ist komisch, daß du danach fragst. Ich habe nämlich versucht, deine Geburtsurkunde zu bekommen. Weißt du, der Arzt, der mir geholfen hat, dich zur Welt zu bringen, ist gestorben, und es gab einige Unklarheiten in den Aufzeichnungen des Krankenhauses. Aber ich bemühe mich schon seit einiger Zeit, deine Geburtsurkunde zu bekommen."

Meine Hoffnung zerbrach. *Sie verbirgt etwas vor mir,* dachte ich. *Jetzt weiß ich, daß ich adoptiert worden bin.* Ich hörte ihr kaum zu, als sie mir erzählte, wie das bei meiner Geburt im Susan Speed Krankenhaus in Louisville, Kentucky am 27. Februar 1924 war. Es hat mich kein bißchen beeindruckt, daß sie den Namen des Arztes wußte. Ich fühlte mich furchtbar. Das ging so lange, bis meine Mutter mir eines Tages völlig unerwartet sagte: „John Edmund, deine Geburtsurkunde ist heute mit der Post gekommen." Ich riß ihr das Stück Papier aus der Hand, als sei es der Aufschub für meine Hinrichtung. Im nächsten Augenblick schaute ich in den Spiegel und stellte zum ersten Mal fest, daß ich meinen Eltern ähnlich sah.

Der einsame Schüler

Damit war mein Problem mit der Einsamkeit aber noch nicht gelöst. Als ich 13 war, wurde ich mit einem großzügigen Stipendium an die „Stony Brook“-Schule für Jungs geschickt. Nur mein Stolz hielt mich davon ab, zu zeigen, wieviel Angst ich vor dieser Schule hatte.

Viele der Schüler kamen aus Elternhäusern, die sehr viel wohlhabender waren als meines (das Krankenhaus, in dem ich geboren wurde, gehörte der Heilsarmee und war für arme Menschen eingerichtet worden). Meine Schulkameraden waren immer gut angezogen. Einige hatten sogar einen eigenen Wagen. Ich hoffte, meine Eltern würden am ersten Tag wenigstens bis zum Mittagessen bleiben, aber als ich in der ersten Lateinstunde saß, hörte ich draußen ihren uralten Chevrolet im zweiten Gang die Auffahrt hinunterfahren.

Ich glaube, ich habe mich nie einsamer gefühlt als in diesem Augenblick. Nur vier Dollar hatte ich in der Tasche und das mußte bis Weihnachten reichen. Ich konnte mir keine Sportausrüstung leisten, keine Busfahrten in die nächste Stadt und auch keine Eintrittskarten für die Sportwettkämpfe. Am Erntedankfest, einem der größten Feiertage bei uns in den USA, gehörte ich zu den wenigen Schülern, die im Internat bleiben mußten, weil sie kein Geld hatten, um nach Hause zu fahren.

Auch die Tatsache, daß mein Zimmerkollege ein Missionarssohn war, konnte mich nicht trösten. Er war damals schon einen ganzen Kopf größer als ich. Heute weiß ich, daß er eigentlich ein guter Kerl war, der hohe Ideale hatte und eine tiefe Überzeugung, aber damals ging mir sein ständiges Nörgeln auf die Nerven. Einmal hat er mich bei den Hausaufgaben so gestört, daß ich ihm einfach einen Kinnhaken versetzt habe. Nur so konnte ich ihm meine Meinung sagen.

Doch gleich nachdem das passiert war, schämte ich mich dafür, vor allem deshalb, weil ich ihm eine Goldkrone aus einem seiner Vorderzähne herausgeschlagen hatte. Natürlich habe ich ihm angeboten, für den Schaden aufzukommen. Als Sohn eines Pastors, der für einen Hungerlohn arbeiten mußte, wußte ich, wie wenig Geld Missionare hatten. Die Eltern des Jungen nahmen mein Angebot dankbar an, und ich fing an, das Geld aufzutreiben. Zum Glück hatte ich gerade damit begonnen, nebenher Krawatten zu verkaufen. Ich erinnere mich noch genau an meinen Werbespruch: „Denk nach, spar Geld, kauf einen Schlips bei Haggai.“

Diese ersten Jahre in der Schule waren in vieler Hinsicht sehr anstrengend. Ich war schwächlich, hatte eine hohe, unangenehme Stimme, war sehr schüchtern und ich trug die deutlichen Zeichen meiner Herkunft mit mir herum. Mein Vater stammte aus Syrien. Und außerdem wußten alle, daß ich der Sohn eines Predigers war. Für einen Jungen in meinem Alter konnte das alles nur eines bedeuten: Einsamkeit.

Eines Tages wurde die Schule von dem weltbekannten Missionar und Politiker Dr. John R. Mott besucht. Was der damals 70 Jahre alte Mann in der Kapelle über die „Herausforderungen der Jugend“ sagte, war völlig humorlos. Aber wir Schüler hingen alle gebannt an seinen Lippen. Die ganze Schule war wie verzaubert. Als der Direktor anschließend sagte, daß Dr. Mott bereit sei, mit einzelnen Schülern jeweils eine Viertelstunde unter vier Augen zu sprechen, stellten sich alle ganz schnell in einer langen Reihe auf. Ich hätte einiges darum gegeben, 15 Minuten mit Dr. Mott unter vier Augen sprechen zu können, aber weil ich so klein und langsam war, mußte ich mich ganz hinten in der Reihe anstellen und kam deshalb nicht mehr dran.

Meine Einsamkeit wurde immer stärker. Die einzige Möglichkeit, mich in den Augen der anderen interessant zu machen, sah ich jetzt darin, meinen Körper in Form zu bringen, und so begann ich mit Ringkampf. Zuerst lief es nicht besonders, ich war ziemlich leicht, und so kam es, daß mir der Meister aus der 75-Kilo-Gewichtsklasse das Schlüsselbein brach, als er mir einen neuen Griff zeigen wollte. Das warf mich für einige Wochen aus dem Rennen. Aber ich erholte mich, und als ich 15 war, begann ich mit Bodybuilding und Gymnastik, was mir sehr half. Die Wende kam allerdings erst in meinem letzten Jahr an der Schule, als ich nach einem Autounfall für einige Wochen ans Bett gefesselt war. Meine Mutter gab mir ein Buch, das meinem Leben eine neue Richtung gab. Der Autor ermunterte seine Leser, nach Menschen zu suchen, die etwas Herausragendes geleistet hatten, um sich mit ihnen anzufreunden, von ihnen zu lernen und sich von ihnen beeinflussen zu lassen. Mir fiel auf, daß ich versucht hatte, mich im luftleeren Raum zu entwickeln. Ich war so stark mit meinen Minderwertigkeitskomplexen beschäftigt, daß ich es versäumt hatte, selbst die Initiative zu ergreifen, um Freundschaften zu schließen. Ich beschloß, mir den Rat des Autors zu Herzen zu nehmen. Seitdem habe ich es mir angewöhnt, bewußt Freundschaften zu entwickeln.

Meine tiefste Einsamkeit

Hat das etwa meine Einsamkeit beendet? Nein, nicht wirklich. Ein jüngerer Kollege – in den 30ern und Vater von drei wunderbaren Kindern – hat vor kurzem zu mir gesagt: „John, fühlst du dich auf deinen Reisen nicht furchtbar einsam? Wenn ich auch nur für zwei Stunden von meiner Familie getrennt bin, dann fühle ich mich so einsam, daß ich es kaum aushalte."

Meine erste Antwort war: „Michael, der Herr hat mir eine so reiche Ernte gegeben, so viel Arbeit, die noch getan werden muß, so viele Ziele, die ich noch erreichen will, daß ich gar keine Zeit habe, darüber nachzudenken."

Aber später, als ich noch einmal über seine Frage nachdachte, mußte ich zugeben, daß ich mich tatsächlich manchmal furchtbar einsam fühle. Ich hatte das Glück, daß ich für gewöhnlich (und das hatte ich Michael auch gesagt) in meiner Arbeit und in meinem Dienst vollkommen aufging. Trotzdem, wenn ich ehrlich bin, kann ich nicht leugnen, daß ich als Christ immer noch mit dem Gefühl der Einsamkeit zu kämpfen habe, obwohl ich mir im Laufe der Zeit verschiedene Strategien angeeignet habe, die mir helfen, damit umzugehen (wie zum Beispiel, aktiv Freundschaften zu schließen). Die Einsamkeit hat mich auf vielen meiner Reisen begleitet, wenn ich von denen getrennt war, die ich liebe. Am einsamsten habe ich mich jedoch gefühlt, als mein Sohn Johnny mit 24 Jahren starb. Er war sein ganzes Leben lang behindert gewesen.

Wenn ich auf der anderen Seite der Erdkugel war, habe ich oft an ihn denken müssen, an die furchtbaren Anfälle, die ihn plagten. Ich weiß nicht, wie oft wir ihn packen und in den Wagen setzen mußten, um zum nächsten Krankenhaus zu fahren und ihn dort auf der Notfallstation einzuliefern. Diese schrecklichen Ereignisse liefen immer wieder wie ein Film vor meinem inneren Auge ab. Jedesmal, wenn es wieder passierte, plagte mich die Angst: „Was wird Chris tun, wenn es passiert und ich nicht zu Hause bin?"

In Wirklichkeit war Chris, meine Frau, der Situation immer in bewundernswerter Weise gewachsen. Aber auch das befreite mich nicht von dem Gefühl der Einsamkeit. Gott allein weiß, daß es mir jedesmal fast den Magen umdrehte, wenn ich wieder zu einer Reise aufbrechen mußte. Wenn ich eine Neigung zu Magengeschwüren gehabt hätte, dann wäre mein Magen jetzt völlig zerstört. 24 Jahre lang haben wir so gelebt. Ich haßte es, von zu Hause weg zu sein. Ich fühlte mich sogar schuldig, weil ich nicht das für Johnny tun konnte, was meiner Meinung nach getan werden mußte. Aber ich wußte auch, daß es nicht zur Ehre Gottes gewesen wäre und daß es Johnny und Chris nicht geholfen hätte, wenn ich meine geistliche Verantwortung vernachlässigt hätte. Sie gaben mir die Freiheit, Gott zu dienen, und ich glaube, daß Gott ihnen in einer Art und Weise gedient hat, daß sie es vielleicht gar nicht bemerkt haben.

Eine völlig neue Art von Einsamkeit erlebte ich, als Johnny 1975 starb. Früher oder später hat jeder mit der Einsamkeit, die beim Verlust eines lieben Menschen entsteht, zu tun. Für viele ist das die schlimmste Form der Einsamkeit. Ich muß eingestehen, daß ich Johnny sehr vermißt habe. Er war unser einziges Kind. Obwohl er ständig gepflegt werden mußte und nie gelernt hatte, mehr als zwei verständliche Worte zu sprechen, hätte ich mir keinen liebevolleren oder hilfsbereiteren Sohn wünschen können. Wenn ich die Freuden und Probleme meines Dienstes mit ihm teilte, dann entspannte ich mich.

Ich wußte, ich konnte mich darauf verlassen, daß er für mich betete. Noch heute vergeht kein Tag, an dem ich nicht an ihn denke oder mir wünsche, meine Träume mit ihm zu teilen und sehen zu können, wie seine Augen leuchten, wenn ich ihm von meinen neuen Ideen erzähle.

Aber es geht nicht. Er ist von uns gegangen. Vieles von dem, was mir geholfen hat, die Einsamkeit zu besiegen, habe ich in dieser schweren und einsamen Zeit nach Johnnys Tod gelernt.

Die Einsamkeit und Sie

Ich war also einsam, und Sie waren sicher auch einsam. Wahrscheinlich ist das der Grund, warum Sie dieses Buch lesen. Man muß sich deshalb nicht schämen. Jeder Mensch hat irgendwann Einsamkeit erlebt. Jeder lebt sein Leben anders, und deshalb sind auch unsere Erfahrungen mit der Einsamkeit unterschiedlich. Sie macht sich in Krisen bemerkbar, aber auch in ganz alltäglichen Situationen. Keine zwei Menschen sind auf genau dieselbe Art einsam oder aus genau dem gleichen Grund. Trotzdem gibt es Gemeinsamkeiten zwischen diesen verschiedenen Formen der Einsamkeit. Im folgenden Kapitel werde ich sie darstellen.

Was ich hier herausarbeiten möchte, ist, daß wir die Erfahrung der Einsamkeit auch als einen Schmerz bezeichnen können – ein unangenehmes Gefühl, das wir nicht mögen. Wie jeder andere Schmerz kam auch die Einsamkeit durch den Sündenfall in diese Welt. Wie jeder andere Schmerz tut uns auch die Einsamkeit weh. Wenn wir uns in Tränen flüchten, sündigen wir damit nicht gegen Gott, wir verleugnen ihn auch nicht. Weinen zu können wäre mir in meiner Einsamkeit sicher eine Hilfe gewesen. Aber meine Erziehung hat es mir verboten. Die Einsamkeit ist ein Schmerz, den wir in der neuen Welt nie wieder werden spüren müssen. Am wichtigsten aber ist, daß es ein Schmerz ist, den ich mit den Mitteln besiegen kann, die Gott mir an die Hand gegeben hat.

Diese Mittel möchte ich nun an Sie weitergeben. Aber es gibt noch etwas, das Sie zu Anfang dieses Buches über die Einsamkeit lernen sollten. Die Einsamkeit an sich ist keine Sünde. Aber sie ist eine vielschichtige Erscheinung, die oft mit einigen anderen Erfahrungen einhergeht, wie zum Beispiel mit Langeweile, Abgeschiedenheit, Enttäuschung, Leere und einem geringen Selbstbewußtsein.

Die Einsamkeit ist eine gefährliche, zerstörerische Kraft, die den, der darunter leidet, unauffällig in einen Zustand der Sünde hineinziehen kann, ohne daß er oder sie es überhaupt merkt. Wenn das passiert, wenn der Einsamkeit erlaubt wird, sich häuslich einzurichten und ihr Unwesen zu treiben, dann wird sie den einsamen Menschen zerstören und die, die ihm nahe stehen sehr schwer verletzen. Deshalb ist es lebenswichtig, sich mit der Einsamkeit auseinanderzusetzen. Sie ist eine schleichende Krankheit, die unser Wesen untergraben und zerstören kann. Das ist der Grund, warum wir uns mit ihr auseinandersetzen müssen.

Fünf Wege zur Einsamkeit

In unserer Gesellschaft gibt es viele falsche Vorstellungen über Einsamkeit. Am weitesten verbreitet ist die Ansicht, Einsamkeit sei dasselbe wie Abgeschiedenheit. Aber das stimmt nicht.

Im Brockhaus wird Abgeschiedenheit als die „ideale Haltung der inneren Lösung von den Dingen der Welt“ beschrieben. Es ist unbestritten, daß die Isolation ein Teil der Einsamkeit sein kann; aber das muß nicht immer der Fall sein. Daß beide Begriffe sich wesentlich unterscheiden, belegt auch unsere Erfahrung. Viele der glücklichsten Menschen, die ein erfülltes Leben hatten, haben das Alleinsein genossen. Daniel Boone, der amerikanische Pionier, liebte es, allein zu sein. Ebenso erging es Madame Curie und Henry Ford. Im Gegensatz dazu fühlte sich der frühere Präsident der USA, Warren G. Harding, im Weißen Haus eingeschlossen. Er litt unter Einsamkeit, obwohl er rund um die Uhr von Menschen umgeben war.

Mit anderen Worten: Wer allein ist, muß sich nicht unbedingt einsam fühlen, und wer unter Menschen ist, kann trotzdem einsam sein.

Das gilt auch, wenn man unfreiwillig von anderen Menschen getrennt ist. Der spätere ägyptische Präsident Anwar as Sadat hat 1978 in einem Interview gesagt, daß sechs Monate Einzelhaft für ihn die beste Zeit seines Lebens war. Er meinte, daß man sich in einer solchen Situation selbst kennenlernen kann.

Diese Erfahrung hat auch der amerikanische Admiral James Bond Stockdale gemacht, der siebeneinhalb Jahre in vietnamesischer Kriegsgefangenschaft war, vier davon in Einzelhaft.

Er gab zu, daß er anfangs Probleme damit hatte: „Nach ein, zwei Wochen denkst du, du wirst verrückt. Nach ein oder zwei Jahren aber hast du kaum noch genug Zeit, vorausgesetzt, du hältst deinen Geist fit, machst Pläne und betest. Du gehst ins Bett und bist enttäuscht, daß der Tag schon wieder vorbei ist. Allein zu leben ist gut, wenn man sich erst einmal daran gewöhnt hat."

Für ihn ist die weitverbreitete Angst davor, aus Einsamkeit zu verzweifeln, eine Folge der „wuchernden modernen Unterhaltungsgesellschaft". Seine Erfahrung als Kriegsgefangener gab ihm im Gegensatz dazu ein „Gefühl für Ausgeglichenheit". In dieser Zeit erlebte er, seinen eigenen Worten nach, einige der schönsten Tage seines Lebens.

Einsamkeit ist ebensowenig gleichzusetzen mit einem einsamen Lebensstil. Einer der bekanntesten Nachrichtensprecher der USA, Paul Harvey, verzichtet auf fast jede Form von Geselligkeit. Er muß schon um acht Uhr abends ins Bett, damit er am nächsten Morgen noch vor fünf Uhr in seinem Büro in Chicago an die Arbeit gehen kann. Einsam fühlt er sich dadurch aber nicht. Im Gegenteil, wenn er nach Hause kommt, verbringt er die Nachmittage oft allein in seinem Hobbyraum und baut Flugzeugmodelle.

Was immer also der Grund dafür ist, daß ein Mensch aus seinem normalen Umfeld ausgeschlossen ist, man muß feststellen, daß diese Erfahrung der Abgeschiedenheit etwas anderes ist als das Gefühl der Einsamkeit. Es besteht ein wesentlicher Unterschied zwischen beiden, auch dann, wenn sie gemeinsam auftreten. Genauso falsch ist es, Depressionen oder Minderwertigkeitsgefühle als Ausdruck von „Einsamkeit" zu bezeichnen. Eine Depression kann sowohl eine Ursache als auch eine Folge der Einsamkeit sein. Auf keinen Fall ist sie mit Einsamkeit gleichzusetzen.

Können Sie sich jemanden vorstellen, der noch unfähiger war, soziale Kontakte einzugehen, als Helen Keller? Trotzdem findet sich in der Biographie dieser Frau, die bis zu ihrem Tod blind und taubstumm war, nicht ein einziger Hinweis darauf, daß sie sich einsam gefühlt hat.

Der Grund dafür, daß man zwischen Einsamkeit und Abgeschiedenheit unterscheiden muß, ist eigentlich ganz einfach. Die Abgeschiedenheit hat etwas mit den äußeren Bedingungen zu tun. Sie sind allein, weil Ihre Lebensumstände oder Ihr Terminkalender echte menschliche Kontakte unmöglich machen. Vielleicht sind Sie eine Hausfrau, deren Kinder das Nest der Familie verlassen haben, oder Sie hatten einen Autounfall und liegen im Krankenhaus. In beiden Fällen werden Sie einen großen Teil Ihrer Zeit in der Abgeschiedenheit verbringen. Aber solange Ihre wichtigsten persönlichen Beziehungen noch intakt sind, werden Sie sich nicht einsam fühlen.

Einsamkeit ist somit also kein Mangel an sozialen Kontakten, sondern ein Mangel an echten Beziehungen. Deshalb hat auch ein bekannter Psychologe gesagt, daß die „Einsamkeit nicht entsteht, weil man keine Menschen um sich herum hat, sondern, weil man an bestimmten Ansichten festhält, die für andere nicht nachvollziehbar sind." Natürlich sind es nicht nur die unpopulären Ansichten, die unsere Beziehungen zerstören. Aber fest steht: Einsamkeit ist nicht mit Abgeschiedenheit gleichzusetzen, sie ist vielmehr eine unerwünschte Abgeschiedenheit, eine Abgeschiedenheit, die das Ergebnis von zerstörten Beziehungen ist, eine Abgeschiedenheit, die wir auch als „gefühlsbedingte Isolation" bezeichnen können.

Echte Beziehungen sind die einzige stabile Grundlage für menschliches Glück und Erfüllung (ich werde diesen Gedanken weiter unten ausführen). Welche nicht vorhandenen Beziehungen für Ihr Gefühl der Einsamkeit verantwortlich sind, hängt davon ab, welche Beziehungen Ihnen am wichtigsten sind. Keiner wird sich einsam fühlen wegen eines Menschen, den er nur einmal getroffen hat. Durch eine solche zufällige Begegnung wird kaum eine wichtige Beziehung entstehen. Wenn man dagegen gute Freunde aus den Augen verliert, oder wenn der Kontakt zur Familie abbricht, dann ist die Wahrscheinlichkeit groß, daß man das erlebt, was wir als „gefühlsbedingte Isolation" bezeichnet haben.

Vielleicht haben Sie nur ein oder zwei Beziehungen in Ihrem Leben, die Ihnen wichtig sind. Vielleicht aber haben Sie viele solcher Beziehungen. Das hängt davon ab, was für ein Mensch Sie sind. Wichtig ist mir, festzuhalten, daß ich mit „Beziehungen" nicht nur das meine, was uns mit anderen Menschen verbindet. Die wichtigste aller Beziehungen ist die zu Gott. Johannes der Täufer ist ein Beispiel für einen Mann, der neben der Beziehung zu Gott fast keine anderen echten Beziehungen hatte. Trotzdem fühlte er sich nicht einsam.

Ebensowenig hat Jesus sich einsam gefühlt, ausgenommen vielleicht in den entscheidenden Stunden am Kreuz, als er die Sünde der Menschen schwer auf seinen Schultern spürte. In diesem Moment hatte er das Gefühl, der Vater hätte sich von ihm abgewandt:

„Mein Gott, mein Gott, warum hast du mich verlassen?" (Matthäus 27, 46).

Aber davon später mehr. Jetzt möchte ich aufzeigen, wie es dazu kommt, daß falsche oder fehlende Beziehungen verschiedene Arten von Einsamkeit zur Folge haben.

Das Einsamkeits-Syndrom

Einsamkeit ist eine allgemeine Erfahrung. Vom Filmstar in Hollywood bis zum Eingeborenen in Zentralborneo weiß jeder, wie es ist, wenn man sich alleine fühlt. Aber das heißt nicht, daß diese Erfahrung sich nie verändert. Sie tritt in verschiedenen Formen und aus unterschiedlichen Gründen auf. Vergleichen Sie die Einsamkeit eines Menschen, der vor der Dürre in Ostafrika flüchtet, mit der eines älteren Häftlings in Großbritannien, oder die Einsamkeit einer Hausfrau in mittleren Jahren mit der eines leitenden Angestellten, der von Hotel zu Hotel reist. Es ist vergleichbar mit ein und demselben Theaterstück, das auf verschiedenen Bühnen mit anderen Kulissen und Schauspielern aufgeführt wird.

Es ist offensichtlich, daß die Menschen, die in der Bibel beschrieben werden und in den griechischen und römischen Klassikern, Erfahrungen mit der Einsamkeit gemacht haben, die unseren eigenen Erfahrungen mit der Einsamkeit heute sehr ähnlich sind. „Einsamkeit" ist im übrigen eine recht moderne Wortschöpfung. So richtig in Mode kam es erst nach dem Zweiten Weltkrieg. Mit anderen Worten: „Einsamkeit" wird erst seit kurzer Zeit als ein Gemütszustand beschrieben, als ein Syndrom.

Bestimmte Gesellschaftstrends liegen dieser Entwicklung zugrunde. Sie müssen nur die Anzeigenseiten Ihrer Zeitung aufmerksam lesen. Dort finden Sie Anzeigen von Psychogruppen, Partnervermittlungsagenturen und Angebote von Single-Appartements. Noch deutlichere Hinweise auf diesen Trend finden Sie im täglichen Fernsehprogramm. Die Einsamkeit ist das zentrale Thema in der Popmusik, in Gedichten und Büchern. Hausfrauen treibt dies dazu, sich ins Getümmel zu stürzen und nach einer bezahlten Arbeit zu suchen, und die Ehemänner entwickeln eine ungesunde Arbeitswut. Viel wurde geschrieben über die ständige Zunahme von Scheidungen, Selbstmorden und über die wachsende Zahl von Kindern, die aus ihrer gewohnten Umgebung ausbrechen.

Das sind Veränderungen, die man mehr oder weniger offensichtlich in jedem vom westlichen Lebensstil geprägten Land feststellen kann. Aber warum passiert das? Warum sehen wir in der Einsamkeit so ein großes Problem? In einem Artikel in der Zeitschrift „Family Circle" von 1978 macht Suzanne Gordon, Autorin des Buches „Lonely in America" (Allein in Amerika), das neue Ideal der Selbstverwirklichung für die Einsamkeit verantwortlich. „Meine eigene Sache zu machen", so schreibt sie, sei so wichtig geworden, daß es fast unmöglich geworden sei, an „unserer Sache" zu arbeiten.

Betrachten Sie doch einmal den Menschen des frühen neunzehnten Jahrhunderts, den amerikanischen Pionier zum Beispiel. Sie werden feststellen, daß er sehr stark von innen geleitet wurde. Er hatte ein System von Werten, das von seiner Umgebung oder von der Meinung der Menschen um ihn herum unabhängig war. Sie haben ihn eher noch darin bestärkt, an seinen Werten festzuhalten. Er war es gewöhnt, alleine zu sein. Wie der amerikanische Soziologe Pitirim Sorokin geschrieben hat: „Der Einsamkeit ins Gesicht zu sehen, war in den USA einmal ein Merkmal für Männlichkeit. In früheren Zeiten waren die Amerikaner gezwungen, allein für die Früchte ihrer Arbeit zu kämpfen.“ Das Alleinsein, so stellte Sorokin weiter fest, war auch eine Erklärung für ein erfolgreiches Leben.

In der Mitte des vergangenen Jahrhunderts wurden diese absoluten Werte allerdings durch rasche und gewaltige gesellschaftliche Veränderungen untergraben. Überzeugungen zählten plötzlich nicht mehr viel. Die Industrialisierung und das Anwachsen der Städte veränderte die wirtschaftliche Lage des Menschen. Er war nicht mehr damit beschäftigt, seine eigene Umgebung zu gestalten, nicht einmal über seinen eigenen Hinterhof konnte er frei verfügen. Statt dessen mußte er sich seinen Lebensunterhalt *verdienen.* Sein Erfolg hing dabei weniger von seiner eigenen Kraft und von seinen Fähigkeiten ab. Entscheidend war, wie gut er sich bei anderen einschmeicheln konnte. Der moderne Amerikaner lernte, Freunde zu gewinnen und Menschen zu beeinflussen.

An Prinzipien festzuhalten und die Meinung der anderen zu mißachten, war unter diesen Umständen eine lästige Pflicht und brachte keine Vorteile. So begann eine verhängnisvolle Entwicklung. Das Gewissen verlor seine Macht als oberste Richtschnur für das Denken und Handeln des Menschen. Sein Platz wurde von dem Wunsch eingenommen, möglichst angepaßt zu leben, um auf jeden Fall sicher zu sein, daß das eigene Verhalten, das Aussehen und der Lebensstil den Erwartungen der anderen entspricht. So kommt es, daß wir einen Amerikaner nur fragen müssen, welches Buch er zuletzt gelesen oder welchen Film er gerade gesehen hat, um herauszufinden, was er denkt.

Vor diesem Hintergrund ist es kaum überraschend, daß die Einsamkeit zu einem zentralen Problem in der amerikanischen Gesellschaft geworden ist. Der einzelne lebt in der ständigen Furcht, seinen Platz in der Gemeinschaft zu verlieren. In der Masse fühlt er sich einsam, weil er nicht weiß, ob seine Ideen, seine Vorstellungen und Ansichten gerade *in* sind. Jeden Morgen wacht er mit der Angst auf, er könnte *out* sein. Er leidet unter der Einsamkeit, weil er das Gefühl hat, daß die Menschen, von denen er abhängig ist, ihn ablehnen, selbst wenn das gar nicht der Fall ist. Diese Art von Einsamkeit ist doppelt schwer zu ertragen, weil der Mensch keine eigenen Wertmaßstäbe mehr hat. Deshalb ist er auf die Anerkennung der anderen angewiesen. Nur daran kann er messen, ob er Erfolg hat oder nicht. Wenn nun tatsächlich einmal passiert, was er immer befürchtet, nämlich, daß er abgelehnt wird, dann trifft ihn das besonders hart. Es macht ihn nicht nur einsam, sondern er wird auch zum Versager abgestempelt.

Die Theorie wird von der Praxis bestätigt. Psychiater reden nicht einfach nur von den Gründen für diese moderne Neurose. Sie haben auch viele Behandlungsmethoden, Formeln und spezielle Krankenhäuser, die dem Kranken helfen können, gesund zu werden. Vorausgesetzt er kann die Behandlung bezahlen. In Marin County, in Kalifornien, wo viele wohlhabende Menschen leben, soll es einen Psychiater pro 200 Einwohner geben. Ich glaube, dieser Überfluß an Therapeuten jeglicher Art hat die Sache erst recht schlimm gemacht. Sie tun sicher gut daran, wenn sie die vorherrschende Lehrmeinung der Psychologie in Frage stellen. Aber anstatt Alternativen aufzuzeigen, verbreiten sie zumeist nur die Ideen und Meinungen, die gerade *in* sind.

Mein Bruder Tom ist täglich in über 400 Hörfunksendern in den USA zu hören. Mit seinen Fünf-Minuten-Programmen möchte er seine Hörer nur ein wenig aufmuntern. Die Sendung heißt: „Werte für ein besseres Leben." Er ruft nicht dazu auf, ihm zu schreiben. Bei ihm gibt es nichts zu gewinnen, und er bittet auch nicht um Spenden. Trotzdem bekommt er Berge von Post.

In vielen Briefen taucht ein Thema immer wieder auf: Einsamkeit. Ein Problem, mit dem der Student in Ohio ebenso zu kämpfen hat wie der Rentner in Florida. Vor kurzem hat mein Bruder mir gesagt: „Ich glaube, Einsamkeit ist das größte Problem, mit dem unser Land im Augenblick zu kämpfen hat. Da kommt kein anderes Problem heran. Die Menschen, die uns schreiben, müssen eine ganze Menge Energie aufbringen, nur um unsere Adresse herauszufinden. Das zeigt, wie sehr dieses

Problem sie belastet. Ich glaube, es ist das schlimmste Problem, dem wir zur Zeit gegenüberstehen, viel schlimmer noch als die Inflation. Damit kommen die Menschen irgendwie klar, auch wenn es wehtut. Natürlich kann die Inflation die Wirtschaft eines Landes zerstören. Aber die Wirtschaft kann wieder aufgebaut werden. Wenn jemand keinen Sinn in seinem Leben sieht, dann kann man gar nichts dagegen tun. Viele Amerikaner fühlen sich einsam, haben niemanden, der sich um sie kümmert. Dieses Gefühl ist eine vernichtende, zerstörerische Macht ..."

Fünf einsame Menschen

Einsamkeit ist ein äußeres Anzeichen für kaputte Beziehungen. Es gibt viele Möglichkeiten, Beziehungen zu zerstören; folglich gibt es auch viele unterschiedliche Arten von Einsamkeit. Ist es deshalb unmöglich, verschiedene Arten von Einsamkeit zu unterscheiden? – Nein, das glaube ich nicht. Sieht man sich eine beliebige Gesellschaft an, dann findet man dort immer fünf verschiedene Sorten von Menschen, die einsam sind. Nicht jeder wird sich in einer bestimmten Gruppe in genau derselben Situation befinden. Aber alle Mitglieder einer solchen Gruppe haben mit Sicherheit eine gemeinsame Eigenschaft, die ihre Art Beziehungen zu gestalten, und ihr Gefühl der Einsamkeit verbindet. Jeder dieser Gruppen habe ich einen Namen gegeben, um diesen Zusammenhang deutlich zu machen. Außerdem habe ich Beispiele angefügt, die zeigen sollen, welcher Typ von Mensch sich in einer bestimmten Gruppe wiederfindet. Zum besseren Verständnis habe ich die männliche Form gewählt. Ich spreche von „ihm". Gemeint sind aber sowohl Männer als auch Frauen.

Lesen Sie den Rest des Kapitels gründlich; in einem dieser fünf einsamen Menschen werden Sie sich wiederfinden.

Dieser Mensch ist einsam, weil er allein ist – physisch oder psychisch, in der Realität oder in seiner Vorstellung. Er ist in vielerlei Hinsicht auf sich allein gestellt. Vielleicht ist er durch eine Krankheit an das Haus gebunden, oder er arbeitet an einem großen Forschungsprojekt, das ihn für längere Zeit in entlegene Winkel der Erde führt. Es kann aber auch sein, daß er einfach nur einen Beruf mit unsozialen Arbeitszeiten hat, zum Beispiel als Nachtwächter. Jeder, der einer solchen Situation über einen längeren Zeitraum hinweg ausgesetzt ist, wird sich einsam fühlen. Es sei denn, er ist gewohnt, allein zu sein.

Noch stärker ist das Gefühl der Einsamkeit, wenn die Lebensumstände sich plötzlich ändern. Zum Beispiel, wenn der Ehepartner stirbt oder ein anderer Mensch, der eine wichtige Rolle im eigenen Leben gespielt hat. Einsamkeit hat aber nicht nur mit den äußeren Umständen zu tun, sondern vor allem auch mit den eigenen Gefühlen. Deshalb kann sich das „Sandkorn“ auch dann einsam fühlen, wenn es mit anderen zusammen ist. Es muß also nicht unbedingt sein, daß er von anderen abgewiesen wird. Seine eigenen Lebensumstände sind es, die ihm die Kraft rauben, stabile Beziehungen aufzubauen. Als Kind hatte ich genau damit zu kämpfen. Ich hatte einen Vater, eine Mutter und zwei Brüder. Sie alle liebten mich. Aber das zählte für mich nicht. Ich hatte immer das Gefühl, daß ich nicht wirklich geliebt würde, obwohl ich sehr gut behandelt wurde. Das reichte, um mich einsam zu machen.

Andere, die sich ähnlich fühlen, werden tatsächlich nicht geliebt. Der Handelsvertreter zum Beispiel hat keine Zeit, um tiefe und befriedigende Beziehungen zu entwickeln. Der Flüchtling, der Gastarbeiter, der Neuzugezogene, der Missionar, das Kind, das die Schule gewechselt hat – sie alle werden wohl Einsamkeit erleben, weil sie nicht in der Lage sind, echte soziale Bindungen aufzubauen. Nicht die Ablehnung durch die anderen ist der Grund für ihre Einsamkeit. Sie werden deshalb nicht geliebt, weil sie einfach nicht wahrgenommen werden.

Wenn das „Sandkorn“ älter ist, dann wird die Einsamkeit ihn auf ganz andere Art schmerzen, nämlich durch wehmütige Erinnerungen. Der Rentner in Florida wird sich an Weihnachten einsam fühlen, weil er den Schnee, das Schlittenfahren, die Weihnachtslieder und die Heimat hoch im Norden vermißt. Die alten Gedanken, die Geräusche und die Werte von früher hat der Fortschritt anscheinend plattgewalzt. Seine Prinzipien und seine Liebe zur Heimat – sie scheinen nichts mehr zu gelten. In Fernsehshows macht man sich darüber lustig. Er wünscht sich, es wäre alles geblieben, wie es früher einmal war.

Natürlich kennen nicht nur alte Menschen solche nostalgischen Gefühle. Manche zweifeln daran, daß diese Nostalgie eine Form von Einsamkeit ist. Aber es ist so. Auch zu bestimmten Orten unserer Vergangenheit, zu bestimmten Erinnerungen können wir eine Beziehung haben. Wir vermissen diese Orte und Gedanken genauso, wie wir einen guten Freund vermissen. Das passiert auch den älteren Mitgliedern einer Kirchengemeinde, die sich an die gute alte Zeit erinnern, bevor 2.000 Mitglieder durch den neuen Pfarrer dazugekommen sind. Die Flucht in solche Erinnerungen ist auch eine Art von Isolation.

Der Außenseiter

Er ist ein Mensch, der einsam ist, weil er tatsächlich von anderen Menschen zurückgewiesen wird. Es gibt tausendundeine Möglichkeit, unter Zurückweisung zu leiden. Manchmal können wir sie überwinden. Die meisten von uns trösten sich damit, daß sie, auch wenn sie von bestimmten Menschen zurückgewiesen werden, immer noch einen Kreis von Menschen haben, der zu ihnen steht. Auch hier sehen wir, wie wichtig Beziehungen zu anderen Menschen sind. Ernst wird es erst, wenn die entscheidenden Beziehungen in unserem Leben in die Brüche gehen. Das Schulkind, dem die alten Freunde die kalte Schulter zeigen. Die Frau, die von ihrem Mann verlassen wird, der ihr wenige Jahre zuvor noch ewige Liebe und Treue geschworen hat. Das Kind, dessen geschiedene Mutter wieder geheiratet hat, und das sich nun in der neuen Familie wie ein Eindringling vorkommt.

Ein Kind, das sich als Außenseiter fühlt, das von seinen Eltern verachtet oder ganz übersehen wird, kann sich unvorstellbar einsam fühlen. Ein Junge arbeitet vielleicht verbissen daran, in der Schule gute Noten zu bekommen oder beim Fußball die meisten Tore zu schießen. Aber wenn er dafür vom Vater keine Anerkennung bekommt, dann kann er innerlich daran zerbrechen. Viel zu oft gibt der Vater seinem Sohn das Gefühl, daß Erfolge einfach selbstverständlich sind. Deshalb ermutigt er seinen Sohn auch nicht. Bleibt der erwartete Erfolg allerdings aus, dann hagelt es Vorwürfe. Es werden vielleicht auch Vergleiche gezogen mit dem Jungen von nebenan oder mit dem eigenen Bruder oder der Schwester, die gerade an der Universität eine Glanzleistung vollbracht haben.

Das Ergebnis ist zerstörerisch. Das Kind fängt an, sich alleingelassen zu fühlen. In seiner Seele werden Minen gelegt, die im besten Fall nur das Selbstwertgefühl des Kindes zerstören. Im schlimmsten Fall wird die Beziehung zu den Eltern völlig zerstört.

Gehen wir davon aus, daß kein Mensch gerne von anderen abgelehnt wird, dann sollte man doch meinen, daß niemand, der einen klaren Kopf hat, freiwillig gerne im Abseits steht. Aber der Außenseiter tut hin und wieder genau das: Nicht, weil er abartig veranlagt wäre, sondern weil es ihm sein Gewissen befiehlt.

Ein junges Mädchen, das Christ ist und sich an den Aussagen der Bibel orientiert, wird oft allein sein. Sie will nicht mit jedem Jungen gleich ins Bett gehen, sie will keine Erfahrungen mit Drogen machen, sie will nicht trinken, nicht spielen und keine aufreizenden Klamotten tragen. In den Augen ihrer Altersgenossen, die nach anderen Maßstäben leben, ist sie prüde, eine Spielverderberin. Vielleicht wird man sie mit Verachtung strafen und sie wird das Gefühl haben, daß sie für das andere Geschlecht nicht attraktiv genug ist. Dann lastet ein starker Druck auf ihr, den sie kaum ertragen kann: Soll sie

Kompromisse machen, was ihren Glauben angeht, damit ein paar nette Jungs auf sie aufmerksam werden?

Die Erfahrung, aufgrund des Glaubens abgelehnt zu werden, hat auch Jesus gemacht. Denen, die ihm nachfolgen, hat er offen gesagt, was sie erwarten würde:

„Wäret ihr von der Welt, so hätte die Welt das Ihre lieb. Weil ihr aber nicht von der Welt seid, sondern ich euch aus der Welt erwählt habe, darum haßt euch die Welt. Gedenkt an das Wort, das ich euch gesagt habe: Der Knecht ist nicht größer als sein Herr. Haben sie mich verfolgt, so werden sie euch auch verfolgen; haben sie mein Wort gehalten, so werden sie eures auch halten." (Johannes 15,19-20).

Diese Einsamkeit gehört zu den Kosten, die Menschen überdenken, wenn sie an der Schwelle zu Gottes Reich stehen.

Vor ein paar Jahren kam einmal ein prominenter Mann zu einem meiner Freunde, der ein bekannter Pastor in Manhattan war, um dort sein Herz auszuschütten. Als der Pastor ihm sagte, er müsse eine klare Entscheidung treffen und sein Leben Christus übergeben, weinte der Mann. Er sagte: „Damit ich so erfolgreich werden konnte, mußte ich einigen Leuten, die mich in diese Position gebracht haben, Versprechungen machen. Diese Versprechungen kann ich nicht brechen. Mein Leben wäre keinen Pfifferling mehr wert, wenn ich mich für Jesus Christus entscheiden würde und ein Leben führen wollte, das ihn ehrt. Sie würden mich umbringen."

Es sind nicht immer nur die hohen Maßstäbe der anderen, die einen Außenseiter unbeliebt machen. Je nachdem, wann und wo er lebt, können es auch seine politischen Ansichten, seine soziale Stellung oder die Farbe seiner Haut sein. Das alles kann ihn zu einem Ausgestoßenen machen, und das bedeutet: Einsamkeit.

Der Einsam-Liebende

Nicht nur in der Gegenwart anderer Menschen kann man sich einsam fühlen, sondern auch in einer festen Beziehung. Die

Ehe ist dafür das beste Beispiel. Da ist jemand seit einigen Jahren verheiratet, hat Kinder großgezogen, teilt Haus und Bankkonto – aber ein vernünftiges Gespräch mit dem Ehepartner kommt praktisch nie zustande. Das ist ein „Einsam-Liebender".

Vor kurzem habe ich mit einem der führenden Geschäftsleute der USA gemeinsam gefrühstückt. Er hat mir von seiner langen, glücklichen Ehe erzählt, die in eine Krise geriet. Einer der Gründe dafür lag darin, daß er viel auf Reisen war. Das forderte sein Beruf. Er merkte, daß diese häufigen Reisen seine Frau unglücklich machten. Aber er konnte nichts daran ändern, er mußte so viel unterwegs sein. Bei Gelegenheit sprach er mit ihr darüber, und ihre Antwort überraschte ihn: „Daß du viel auf Reisen bist, damit habe ich keine Schwierigkeiten", sagte sie, „sondern, daß du auch dann noch unterwegs bist, wenn du nach Hause gekommen bist."

Das ist keine Geschichte, die an den Haaren herbeigezogen ist. Tatsächlich zeigt dieses Beispiel etwas, das überall passiert. Millionen Menschen, die verheiratet sind, leiden unter einer unglaublichen Einsamkeit, obwohl sie mit ihrem Partner unter einem Dach leben. Körperlich sind sie sich nah, aber sie fühlen eine Distanz zum Partner.

Inez Spence bezeichnet in ihrem Buch „Umgang mit der Einsamkeit" Frauen, die unter dieser Distanz leiden, als „Arbeitswitwen". Allerdings sind davon sowohl die Ehefrauen als auch die Ehemänner betroffen. Der Grund für diese Einsamkeit liegt auch nicht allein in der Abwesenheit des Partners.

Frau Spence beschreibt den Fall eines Ehepaares: Der Mann kommt nur am Wochenende nach Hause, und sie haben miteinander keine Kinder. Aber obwohl die Frau ihren Mann vermißte und sehnsüchtig auf seine Rückkehr am Wochenende wartete, wollte sie deswegen nicht in Selbstmitleid versinken. Sie überwand ihre Schüchternheit und suchte nach Gesellschaft. Deshalb begann sie, Spanisch zu lernen und ging zur Musikschule. Mit anderen Worten: Männer oder Frauen, die einen Partner haben, der einem zeitaufwendigen Beruf nachgeht, müssen nicht unbedingt als „Einsam-Liebende" enden.

Diese Art der Einsamkeit wird natürlich nicht ewig dauern. Wenn eine Frau den Grund für ihre Einsamkeit in ihrer Ehe sieht, dann kann sie entweder versuchen, das Verhältnis zu ihrem Partner zu verbessern, oder sie läßt sich scheiden. Wenn an der Beziehung selbst nichts geändert werden kann, wird sie aller Wahrscheinlichkeit nach von der „Einsam-Liebenden" zu einer Außenseiterin, und als Folge davon werden auch die rechtlichen, finanziellen und familiären Bindungen zerstört, die beide bisher zusammengehalten haben.

Einen solchen Zusammenbruch, der aus einem Ehepartner einen „Einsam-Liebenden" macht, sieht man in anderen Beziehungen seltener. In einer Freundschaft passiert so etwas kaum, weil dort nur eine persönliche Bindung zwischen zwei Menschen besteht. Wenn zwei Freunde auseinandergehen, dann bleibt nichts mehr übrig: Es gibt keine rechtlichen Verpflichtungen. Jeder kann seines Weges gehen. Ein „Einsam-Liebender" kann aber auch ein Kind sein, dessen Eltern zwar für alles sorgen, das aber sonst völlig mißachtet wird.

Das Hohe Tier

Zwei Angestellte, die gerade den Lagerraum fegen, sehen, wie der Chef nach Hause geht. Sie reden über das Geld. Der eine sagt zum anderen: „Diese Inflation bringt mich um. Ich weiß nicht, wie ich nächsten Freitag die Rechnung beim Metzger bezahlen soll." In dem Augenblick fährt der Chef in seinem Cadillac vorbei. Der Mann, der gerade sein Leid geklagt hat, sieht ihn und sagt: „Der Chef muß ein glücklicher Mensch sein. Sieh dir nur den großen Wagen an. 10.000 Mark würden mir schon reichen."

Was sie nicht wissen, ist, daß der Chef im Cadillac in Wirklichkeit ein nervliches Wrack ist. Er steckt in einer Finanzkrise, kann aber mit niemandem darüber reden. Wenn die Bank von seinen Schwierigkeiten erfährt, dann würde sie alle Kredite zurückfordern. Wenn das passiert, ist er am Ende. Er fährt nach Hause und hat nichts anderes im Kopf als seine finanziellen Probleme. Er muß damit leben, weil er ein „Hohes Tier“ ist.

Eine leitende Stellung bringt eine besondere Art von Einsamkeit mit sich: die Einsamkeit der Verantwortung. Diese ist in allen Führungsetagen zu finden. Das ist die größte Herausforderung, der sich die Spitzenmanager stellen müssen. Nerven wie ein Pokerspieler muß man heute haben, wenn man in der Geschäftswelt bestehen will, das hat mir vor kurzem jemand gesagt. Ich glaube das. Aber die Geschäftsleute sind nicht die einzigen Opfer. Politiker haben es mindestens genauso schwer. Fernsehstars und Würdenträgern geht es da nicht anders: Sie sind allerdings deshalb einsam, weil sie so bekannt sind, nicht weil sie Verantwortung tragen.

Aber das „Hohe Tier“ ist nicht immer jemand, der in einem Fußballstadion vor 30.000 Fans spielt, oder die Aufsichtsratssitzung eines großen Unternehmens leitet. Es kann auch der sein, der am nächsten Sonntag in Ihrer Kirche auf der Kanzel steht.

Glauben Sie einem Fachmann, wenn ich Ihnen sage, daß auch Geistliche immer wieder unter unglaublicher Einsamkeit leiden. Der Pfarrer hat keinen Seelsorger, er muß rund um die Uhr erreichbar sein, muß mehr Hausbesuche machen als ein Landarzt, mehr öffentliche Reden halten als ein Politiker, ein Finanzbudget überwachen, das größer ist als bei vielen kleinen Firmen, und mehr Sitzungen leiten als ein Gewerkschaftsfunktionär. Darüber hinaus wird er bei Trauungszeremonien gebraucht, er hat das zweifelhafte Vergnügen, Beerdigungen zu leiten und muß Angehörigen schlechte Nachrichten überbringen. Eine Last, die seine Frau meist mittragen muß. Das „Hohe Tier“ erlebt Einsamkeit vielleicht anders als die anderen vier einsamen Menschen, von denen ich hier schreibe, aber sicher nicht weniger quälend. Vielleicht sogar noch schlimmer. Wenn Sie ein solches „Hohes Tier“ sind, dann ist dieses Buch auch für Sie geschrieben.

Wahrscheinlich wird jeder einsame Mensch einmal ein „Häßliches Entlein" werden. Besonders gefährdet sind das „Sandkorn" und der „Außenseiter". Der Unterschied liegt darin, wie man von sich selbst denkt. Das „Häßliche Entlein" fühlt sich nicht nur isoliert, verloren in der Masse oder verstoßen; es fühlt sich einfach unzulänglich. In vielen Fällen konzentriert sich dieses allgemeine Gefühl der Unzulänglichkeit auf echte Schwächen, unter denen der betreffende Mensch leidet. Er läßt sich von bestimmten Eigenschaften seines Körpers oder seines Wesens gefangennehmen, so daß es ihm unmöglich ist, an sich selbst zu arbeiten.

Ein 15jähriger Schüler fühlt sich vielleicht schrecklich, weil er nur 1,60 m groß ist und an Asthma leidet. Die Schule ist nicht eben ein Platz, wo man so etwas leicht vergessen könnte. Seine Schulkameraden nennen ihn „Kleiner". Am Sportunterricht kann er wegen seines Asthmas nicht teilnehmen. Es tut ihm furchtbar weh, wenn das Mädchen, das er liebt (und das sogar noch ein paar Zentimeter kleiner ist als er), einem Kerl von 1,80 m schöne Augen macht. Asthma und kleiner Wuchs sind nur zwei Beispiele aus einer fast unendlichen Liste menschlicher Besonderheiten. Aber auch wer solche Fehler hat, kann selbstbewußt sein.

Bei Frauen sind es oft Übergewicht, Falten im Gesicht oder häßliche Beine. Männern macht es etwas aus, wenn ihnen die Haare ausfallen oder wenn sie schwach und schüchtern sind. Gute Freunde werden ihn damit trösten, daß ihm das selbst viel mehr auffällt als anderen. Wenn aber jemand tatsächlich ein „Häßliches Entlein" geworden ist, dann scheinen sich die eigenen Befürchtungen zu bestätigen. Eine Nase, die nur ein kleines bißchen größer ist als normal, erscheint einem plötzlich riesig. Wer unfähig ist, sich an einem lockeren Gespräch zu beteiligen, wird schnell als sozialer Krüppel abgestempelt.

Zu allem Unglück wird dieses Gefühl der Minderwertigkeit durch die Medien auch noch verstärkt. Film, Fernsehen und Werbung bombardieren uns mit Bildern, die zeigen, wie ein erfolgreicher Mensch auszusehen hat. Ich will darauf nicht weiter eingehen. Wer nur fünf Minuten vor dem Fernseher sitzt, der findet genügend Beweise dafür. Das Problem ist, daß wir jeden Tag die tiefe Kluft spüren, zwischen der schönen Welt, wie sie im Fernsehen gezeigt wird, und unserem eigenen Alltag.

Natürlich kostet ein solcher Lebensstil auch eine ganze Menge Geld. Deshalb fühlt sich ein großer Teil der Fernsehzuschauer minderbemittelt. Das ist ganz im Sinne der Werbeindustrie. Wer sich nämlich schlecht fühlt, der wird leicht dazu neigen, etwas zu kaufen, damit sein Ansehen steigt. Es ist nicht weit hergeholt, wenn man behauptet, es sei das wichtigste Ziel der Werbeindustrie, „Häßliche Entlein" hervorzubringen. Einsamkeit zahlt sich nicht aus – aber für die Werbeindustrie macht sie sich bezahlt.

Wie lächerlich diese Ideale sind, die vom Fernsehen aufgebaut werden, sieht man allein schon an ihrer Oberflächlichkeit. Jeder fühlt sich zum Beispiel geschmeichelt, wenn man ihn als Individualisten bezeichnet. Individualismus ist eine Eigenschaft, die wir entwickeln sollen – so trichtern es uns die Medien ein. Wir werden ermutigt, als Individualisten zu leben und uns gleichzeitig an einen Lebensstil anzupassen, der aus uns uniformierte Ameisen macht. Welche Ironie darin liegt, nehmen wir gar nicht wahr. Echter Individualismus ist heute viel seltener als zur Zeit der ersten Pioniere im Westen. Wir reden vom Individualismus, damit keiner merkt, daß wir selbst nicht so individualistisch sind, wie wir es in den Augen der anderen gerne wären. Wir möchten gerne individualistisch erscheinen, weil dies das aktuelle Ideal ist, das uns Bewunderung einbringt. Aber hinter dieser Fassade verstecken meine Landsleute viel mehr häßliche Entlein, als sie gerne zugeben würden.

Überwinde das Häßliche Entlein in Dir

In welchem dieser fünf einsamen Menschen finden Sie sich wieder? Vielleicht erkennen Sie sich auch gleich in mehreren. Sowohl im Außenseiter, als auch im hohen Tier zum Beispiel. Aber ich wäre überrascht, wenn Sie nicht ernsthaft überlegt hätten, sich in die fünfte Kategorie einzuordnen – als „Häßliches Entlein". Vieles von dem, was ein „Häßliches Entlein" ausmacht, findet sich nämlich in den meisten menschlichen Reaktionen auf Einsamkeit wieder –, man nennt sie Selbstzweifel.

Wenn Sie ein „Häßliches Entlein" sind, dann sind Sie an einem kritischen Punkt in Ihrem Leben, und zwar aus zwei Gründen:

Einmal, darauf werde ich später noch zurückkommen, weil Sie jetzt handeln müssen. Sie sind wie ein Dreispringer, der nach dem Anlauf drauf und dran ist, zum ersten Sprung anzusetzen. Der zweite Grund ist, daß sich die Art des Problems verändert, wenn Sie einmal erkannt haben, daß der Zweifel an sich selbst eine Folge der Einsamkeit ist. Einsamkeit ist nie eine schöne Erfahrung. Aber nach dem Stadium des „Häßlichen Entleins" wird die Einsamkeit zu einer Krankheit und beginnt, problematisch zu werden. Wir können hier zwischen zwei Problemen unterscheiden: dem psychologischen und dem geistlichen.

Um die Einsamkeit zu überwinden, ist es entscheidend, diese beiden zu verstehen.

Die psychologischen Probleme: Zusammenbruch

Man kann nicht mit einem Makel leben – Übergewicht, Schüchternheit oder ähnlichem –, ohne sich darüber Gedanken zu machen. Sie fühlen, daß mit Ihnen etwas nicht in Ordnung ist. Vielleicht werden Sie darin durch Ihr eigenes Nachdenken bestätigt, vielleicht aber auch nicht. Das ist gleich. Allein, daß Sie zu diesem Schluß gekommen sind, ist ein Beweis dafür, daß sich Ihr Denken verändert hat, und in kurzer Zeit werden Sie auch Ihr Verhalten ändern.

Diese Umorientierung hin zur Selbstbeobachtung geschieht viel zu leicht. In den USA ist die Do-It-Yourself-Psychotherapie fast schon ein Volkssport. Eine ganze Menge Bücher, Therapien und Selbsthilfegruppen werden angeboten, die uns dabei helfen sollen. Ein gläubiger Christ spürt diesen Druck vielleicht sogar noch stärker, weil das Christsein von Natur aus mit dem Nachdenken über sich selbst in Zusammenhang gebracht wird. In vielen Predigten werden die Ungläubigen zur Umkehr aufgerufen. Christen werden ebensooft ermahnt, ihr Gewissen zu prüfen, und sich einem heiligen Lebenswandel zu weihen. Der Wunsch nach einem heiligen, gottgefälligen Leben ist gut – warum sollte das nicht zutreffen? Aber die Schwäche des christlichen Fundamentalismus liegt darin, daß hier eine Überbetonung stattfindet. Der Gläubige wird so zu einem Wächter über seine Seele gemacht, wie jemand, der ein Picknick im Freien vor einer Ameiseninvasion schützen soll.

Verstehen Sie mich nicht falsch. Ich möchte nicht das Forschen im eigenen Gewissen mit dem Wälzen im eigenen Versagen gleichsetzen. Das erste ist eine gute Übung, das zweite ist negativ. Aber ein Mensch, der daran gewöhnt ist, betend in sich hineinzuhorchen, wird auch nach innen schauen, wenn er einsam ist. Dieses nach innen gewandte Denken ist allein deshalb schlecht, weil es zu weiteren Problemen führt.

Unfähigkeit

Je mehr Energie Sie darauf verwenden, nach innen zu schauen, desto weniger Energie haben Sie für Gott, für andere Menschen und für die Arbeit, zu der Gott Sie berufen hat. Das reicht schon, um diese Selbstbespiegelung zu einer fragwürdigen Freizeitbeschäftigung zu machen. Aber hier hört es noch nicht auf. Je mehr Sie sich auf Ihre Schwächen konzentrieren, desto mehr untergraben Sie Ihr Selbstvertrauen. Sie wollen losfahren, aber Sie haben die Handbremse angezogen, nicht nur, wenn Sie mal eben um die Ecke fahren wollen, auch dann, wenn Sie eigentlich über die Autobahn jagen sollten.

Wenn Sie einsam sind, dann wissen Sie, wovon ich rede. Einsamkeit ist ermüdend, sie nimmt Ihnen die Lebenskraft und die Motivation. Sie lenkt Ihre Augen vom Ziel ab. Daran ist nichts Verwunderliches. Es ist die unmittelbare Folge des Kreisens um sich selbst.

Darf ich Sie daran erinnern, daß die Unfähigkeit nicht Ihr privates Problem ist? Durch Ihre Unfähigkeit fühlen sich die, die von Ihnen abhängig sind, im Stich gelassen. Wie Kain, so hat Gott auch uns die Verantwortung gegeben, für andere Menschen zu sorgen. Die Einsamkeit verhindert das, indem sie uns in Selbstzweifel stürzt. Wir beginnen damit, mehr über unsere eigenen Probleme nachzudenken als über die anderer – wir werden selbstbesessen. Das wäre etwa so, als wenn eine Chefsekretärin bei einer wichtigen Sitzung so mit ihren eigenen Problemen beschäftigt ist, daß sie ganz vergißt, Protokoll zu führen.

Der Dichter George Herbert hat die Christen einmal als die Verwalter des Gotteslobes bezeichnet. Aber wie können wir Gott loben und andere dazu ermuntern, wenn die Einsamkeit uns niederdrückt? Die Antwort lautet natürlich: Wir können es nicht; die Einsamkeit macht uns unfähig.

Krankheit

Es gibt unzählige Hinweise darauf, daß alle Arten von Angst, dazu zählt auch das tiefe Gefühl der Verlassenheit, Krankheiten hervorrufen. Kopfschmerzen, Bluthochdruck, Schlaganfälle, psychosomatische Krankheiten und Magendarmbeschwerden sind die unmittelbaren körperlichen Auswirkungen von Einsamkeit. Weitere Beschwerden treten auf, wenn die Einsamkeit Schlaf- oder Eßstörungen hervorruft. Es gibt aber noch weitaus schlimmere Folgen. Philip Goldberg, der Vorsitzende des internationalen Streß-Instituts, weist in einem Buch darauf hin, daß Enttäuschungen, Einsamkeit und Leid Faktoren sind, die in starkem Maße zum Ausbruch von Krebs beitragen können.

In einem Artikel der Zeitschrift *Time* zu demselben Thema wird berichtet, die Einsamkeit sei hauptverantwortlich für den Ausbruch von Krebs („Die Einsamkeit kann Sie töten"; 5.9.1977):

„Medizinische Studien haben gezeigt, daß Alleinstehende, Verwitwete und Geschiedene viel eher von Krankheiten befallen werden als Verheiratete. Ein paar Beispiele: Bei den Witwen zwischen 25 und 34 ist die Zahl der Todesfälle aufgrund von Herz- oder Gefäßkrankheiten fünfmal so hoch wie bei den verheirateten Frauen im selben Alter. In jeder Altersgruppe ist die Gefahr, an Lungenkrebs zu erkranken, bei den Geschiedenen doppelt so hoch wie bei den Verheirateten. Ebenso ist es beim Schlaganfall. Unter den geschiedenen weißen Männern ist Leberzirrhose siebenmal häufiger. Das Risiko, an Tuberkulose zu erkranken ist sogar zehnmal höher.

Warum ist das so? Für den Psychologen und Buchautor James J. Lynch ist die Antwort klar: Einsamkeit tötet. Er schreibt: ‚Die Einsamkeit treibt nicht nur unsere Zivilisation auf den Abgrund zu, sondern sie zerstört auch unsere Körper. Wenn man so will, gibt es eine biologische Begründung dafür, daß wir Beziehungen zu anderen Menschen aufbauen müssen. Wenn wir das nicht tun, ist unsere Gesundheit in Gefahr.'"

Idealisierung

Es ist gut, wenn man ein Idealist ist. Aber es ist nicht besonders hilfreich, wenn man Dinge idealisiert, die man besser im kalten Licht der Realität sehen sollte. Das Leben ist kein Zuckerschlecken. Als Gott zu Adam sagte, er solle sein Brot im Schweiße seines Angesichts verdienen, stellte er einen Grundsatz auf, der heute noch gültig ist. Wenn wir etwas erreichen möchten, dann sollten wir bereit sein, dafür zu arbeiten. Wir sollten auch bedenken, was „Murphys Gesetz" sagt, nämlich daß die Dinge, denen wir freien Lauf lassen, sich zu unserem Nachteil entwickeln werden. So ist die Welt, in der wir leben.

Das glückliche Brautpaar sollte sich nicht wundern, wenn es zum ersten Streit kommt. Der Unternehmer sollte nicht überrascht sein, wenn die Konkurrenz versucht, ihm seine neue Erfindung abzujagen. Der neue Pastor sollte sich nicht ungerecht behandelt fühlen, wenn er in seiner neuen Gemeinde plötzlich einem Haufen unerwarteter Probleme gegenübersteht. Niemand sollte sich entmutigen lassen, wenn er feststellen muß, daß er Feinde hat. Auch ein Politiker nicht.

Diese Liste könnte ich noch lange fortführen. Tatsache ist, daß jeder, der ein bißchen Lebenserfahrung hat, weiß, daß nicht immer alles nach seinen Vorstellungen läuft. Wenn er die ersten Niederlagen eingesteckt hat, paßt er seine Erwartungen der Wirklichkeit an. Das wird ihn nicht vor weiteren Verletzungen schützen, aber er wird nicht mehr so enttäuscht sein. Er streitet nicht gerne mit seiner Frau, aber er weiß, daß so etwas in der Ehe vorkommt; deshalb läßt er sich durch einen Streit nicht entmutigen. Schließlich ist er auch nur ein Mensch, ebenso wie seine Frau. Der Streit ist schnell vorbei, und er stellt fest, daß es gut war, gemeinsam die Wogen zu glätten. Vielleicht sind beide dadurch sogar ein bißchen klüger geworden.

Im Gegensatz dazu ist sich der einsame Mensch bewußt, daß er alleine ist. Deshalb wird er viel größere Erwartungen an andere Menschen haben.

Ein junges Paar, das in der neuen Stadt keinen Anschluß an andere Christen gefunden hat, neigt dazu, Vorstellungen von einer idealen Gemeinde zu entwickeln, der sie gerne angehören möchten. Sie erwarten, daß sie am Sonntagmorgen mit offenen Armen empfangen und sofort in das Gemeindeleben integriert werden. Als ob ihr Christsein ihnen automatisch ein Recht auf persönliche Freundschaften geben würde. Wenn sie nicht gleich nach dem Gottesdienst von jemandem zum Kaffee eingeladen werden, dann erscheint diese Gemeinde für sie schon in einem schlechten Licht, und sie fühlen sich noch einsamer.

Eine geschiedene Frau, für die diese Art der Einsamkeit eine neue Erfahrung ist, kann leicht überzogene Erwartungen haben, wenn sie sich mit einem Mann trifft. Weil ihr gute Freunde fehlen, ist dieses Treffen für sie viel wichtiger, als es eigentlich ist. Deshalb ist sie vielleicht enttäuscht, wenn sich der Mann, mit dem sie sich verabredet hat, nicht genauso auf das Treffen freut wie sie. Der Abend wird für sie zu einem Reinfall, wenn er ihre Erwartungen nicht erfüllt hat, obwohl es an sich ein wunderbarer Abend war. Anstatt sich daran zu freuen, fühlt sie sich nur noch einsamer.

Im Berufsleben kann es sein, daß jemand nur das sieht, was an seiner Arbeit noch verbessert werden kann und das Lob seiner Kollegen gar nicht ernst nimmt. Er ist überzeugt, daß seine Kollegen oder Kunden von seiner neuen Entwicklung überwältigt sein werden und ihm zu seiner Leistung gratulieren. Falls nicht, oder wenn sie nur die gewöhnlichen netten Worte für ihn finden, empfindet er das als eine Beleidigung. Er macht damit sein Selbstwertgefühl von seiner Leistung im Beruf abhängig. Er kommt nicht auf die Idee, daß er sich – unabhängig von seiner Arbeit – Freunde schaffen könnte. Den einzigen Weg, gegen seine Einsamkeit zu kämpfen, sieht er darin, zu beweisen, daß er ein Genie ist. Das ist eine große Herausforderung.

Unrealistische Erwartungen haben Enttäuschungen zur Folge und verstärken das Gefühl der Einsamkeit. Andererseits aber, das haben diese drei Beispiele deutlich gemacht, übt ein einsamer Mensch durch seine unrealistischen Erwartungen Druck auf die Menschen in seiner Umgebung aus. Das ist eine gefährliche Nebenwirkung der Einsamkeit. Zeigt jemand Interesse an dem einsamen Menschen, dann erwartet der schon, daß er an erster Stelle steht, daß man Verständnis für ihn hat, sensibel ist und ihm Nähe gibt. Kurz gesagt, er stellt Bedingungen auf, die für andere unerträglich sind. Damit wird jede Freundschaft schon im Keim erstickt. Man sieht in ihm nicht nur den einsamen Menschen, sondern auch jemanden, der unerfüllbare Forderungen stellt. Ein Mensch, den man besser meiden sollte.

Es ist klar, daß das seine Einsamkeit eher noch verstärkt.

Introvertiertheit

Meist ist das letzte Stadium der Einsamkeit von einer fast völligen sozialen Introvertiertheit gekennzeichnet.

Es kann sein, daß der Betroffene, ähnlich wie bei einer schweren Depression, gar nicht mehr die Kraft oder den Willen hat, aus seiner Einsamkeit auszubrechen. Er kann aber auch zu dem Schluß kommen, daß er sich mit seinem Schicksal abfinden muß. Um den Schmerz seiner Einsamkeit abzutöten, redet er sich ein, das Alleinsein sei besser als gute Freunde zu haben. Schließlich fühlt ein Stein auch keinen Schmerz.

Wenn aber ein Stein ein menschliches Wesen ist, dann fühlt er Schmerz. Es führt kein Weg daran vorbei. Deshalb führt der Weg in die Einsamkeit letzten Endes in eine Wüste. Besonders schlimm ist das für alte Menschen, die in einer Gesellschaft leben, in der Jugendlichkeit ein Ideal ist. In Großbritannien zum Beispiel ist die althergebrachte Lebensform der Großfamilie beinahe ausgestorben. Um alte Menschen kümmert sich jetzt der Staat. Er kann zwar für ihre Medikamente aufkommen, aber ein Mittel gegen die Einsamkeit hat er nicht. Jedes Jahr sterben Tausende einsamer alter Menschen, viele von ihnen sind auch aus Einsamkeit gestorben.

Man muß nicht alt sein, damit die Einsamkeit einen umbringen kann. Bei alten Menschen beschleunigt die Einsamkeit den Tod, weil sie ihnen den Lebenswillen raubt. Bei immer mehr jungen Menschen in der westlichen Welt ist die Verbindung zwischen Einsamkeit und Tod viel direkter: Die Einsamkeit treibt sie in den Selbstmord.

Das geistliche Problem: Die Sünde

Ich will hier keine Schläge austeilen. Meist ist die Einsamkeit, die das Stadium des „Häßlichen Entleins“ hinter sich gelassen hat, Sünde.

Nachdem ich gerade erst die Verzweiflung des einsamen Menschen beschrieben habe, mag das ein wenig hart klingen.

Das Letzte, das ein einsamer Mensch, der an sich selbst zweifelt, hören möchte, ist, daß er sowohl sündig als auch minderwertig ist. Deshalb möchte ich noch einmal betonen, daß das Erleben von Einsamkeit für uns zuerst einmal ein Schmerz ist. Es ist keine Sünde, wenn man für sich alleine ist, oder wenn man die Menschen vermißt, die man liebt. Wer Einsamkeit so erlebt, der befindet sich damit in guter Gesellschaft: Ich selbst habe Einsamkeit so erlebt, ebenso alle Christen und auch Jesus Christus selbst.

Aber der Schmerz bringt uns in Versuchung. Mit Versuchungen hat jeder überzeugte Christ zu tun. Jesus „wurde wie wir in Versuchung geführt, aber er hielt stand.“(Hebräer 4,15). Als Kinder Gottes haben wir die gleiche Kraft, diesen Versuchungen in jedem Bereich unseres Lebens zu widerstehen. Wir sind der Versuchung nicht hilflos ausgeliefert. Gott hat uns die Fähigkeit zur Selbstbestimmung gegeben. In dem Rahmen, den uns unsere eigenen Fähigkeiten und unsere Umgebung steckt, sind wir in der Lage, zu bestimmen, wer oder was wir werden wollen. Wir können entscheiden, ob wir uns von einem bestimmten Verlangen, von einem bestimmten Standpunkt oder von einem bestimmten Schmerz beeinflussen lassen wollen. Manchmal wird der Druck nachzugeben sehr stark sein, vielleicht sogar fast unerträglich. Aber Gott sieht das. Paulus hat es in seinem Brief an die Korinther so ausgedrückt:

„Gott ist treu, der euch nicht versuchen läßt über eure Kraft, sondern macht, daß die Versuchung so ein Ende nimmt, daß ihr's ertragen könnt.“ (1.Korinther 10,13).

Wann war zuletzt jemand gemein zu Ihnen? Das schmerzt, genauso wie die Einsamkeit. In dieser Situation hatten Sie zwei Möglichkeiten, damit umzugehen: Entweder Sie lassen zu, daß Sie sich verletzt fühlen, und sinnen auf Rache (anstatt Gott das zu überlassen), oder Sie lassen nicht zu, daß diese Gefühle Macht über Sie gewinnen, sondern entscheiden sich für den Weg der Vergebung, den Jesus in der Bergpredigt aufgezeigt hat: „Wenn dich einer auf die rechte Wange schlägt, dann halte ihm auch die andere hin.“ (Matthäus 5,39).

Im Grunde ist das dieselbe Versuchung, die wir in der Einsamkeit erleben. Wenn Sie unter dem Schmerz der Einsamkeit leiden, dann müssen Sie sich entscheiden, wie Sie damit umgehen wollen. An dieser Entscheidung führt kein Weg vorbei. Entweder lassen Sie sich nicht davon gefangennehmen und sagen „Ja“ zu Gott, oder Sie lassen sich davon gefangennehmen und sagen „Nein“ zu Gott. Die zweite Möglichkeit, für die Sie sich vielleicht sogar unbewußt entscheiden, führt nicht nur dazu, daß Sie unter dem Schmerz der Einsamkeit leiden. Sie entscheiden sich damit auch für die Sünde.

Lassen Sie mich kurz erklären, worum es bei dieser Entscheidung eigentlich geht. Rein menschlich gesehen gibt es drei verschiedene Arten, auf Einsamkeit zu reagieren. Sie können die folgenden Erläuterungen als einen Test für sich selbst benutzen, während Sie sie lesen. Wenn Sie sich in ihnen wiederfinden, dann ist das ein Anzeichen dafür, daß Sie eine wichtige Entscheidung schon getroffen haben. Eine Warnung noch zuvor: Seien Sie ehrlich! Sie gewinnen nichts, wenn Sie sich selbst täuschen. Das einzige Opfer sind Sie selbst.

Das Kreisen um sich selbst

Nach einem selbstsüchtigen Menschen muß man nicht lange suchen. Oft aber hat diese Selbstsucht sehr viel mit Einsamkeit zu tun.

Ein Beispiel: Ein junger Mann hat vor kurzem geheiratet. Er verehrt seine Frau und möchte, daß sie stolz auf ihn sein kann. Sie sind arm und alles hängt davon ab, daß er im Beruf Erfolg hat. Er arbeitet und arbeitet, schnell steigt er die Erfolgsleiter nach oben. Beförderung folgt auf Beförderung, und bald schon kann er sich ein schönes Haus am Stadtrand leisten und seiner Frau ein eigenes Auto kaufen. Die Kinder, die jetzt Teenager sind, können eine gute Privatschule besuchen. Er und seine Frau lassen sich mit wichtigen Leuten in der Öffentlichkeit sehen und sind Mitglied in den richtigen Vereinen.

Aber anstatt sich über das zu freuen, was er erreicht hat, beginnt seine Frau, sich zu beklagen, weil er oft auf Reisen ist und viele Überstunden macht. Sie jammert, sie hätte lieber weniger Geld, aber dafür ein normales Leben mit einem Ehemann, der da ist, wenn die Familie ihn braucht.

Er fühlt sich verletzt und glaubt seinen Ohren nicht zu trauen. „Weniger zu haben", das bedeutet für ihn etwas anderes als für sie. „Weniger zu haben", das heißt, auf den Zweitwagen verzichten, die Kinder auf eine staatliche Schule zu schicken, aus den Vereinen und Clubs auszutreten und sich teure Reisen aus dem Kopf zu schlagen. Ein Leben ohne den Luxus, den sie mittlerweile für unverzichtbar halten. Noch dazu heißt „weniger zu haben" auch, daß sie in eine weniger teure Wohngegend umziehen müssen und auf der Gesellschaftsleiter ein paar Stufen nach unten fallen.

Er weiß, daß seine Frau nichts von alledem akzeptieren würde. Sie kritisiert sein berufliches Engagement, obwohl das den Luxus, in dem sie leben, erst möglich gemacht hat. So kommt es, daß er sich verachtet, alleingelassen und sogar betrogen fühlt – nicht nur von seiner Frau, auch von seinen Kindern. Sie haben begonnen, sich von ihm zu entfernen. Wie ihre Mutter, so behandeln auch die Kinder ihn, als wäre er schuldig, weil er ihnen die Zeit, die sie von ihm wollen, nicht geben kann. Sie scheinen nicht zu verstehen, warum er nicht bei jedem Fußballspiel zuschauen kann. Sie begreifen nicht, daß seine Abwesenheit etwas mit den Autos zu tun hat, die sie besitzen, mit den teuren Kleidern, die sie tragen, und mit dem Geld, mit dem sie ihre Freunde beeindrucken können.

Er fühlt sich von seiner Familie isoliert, aber seine Frau und die Kinder fühlen sich von ihm isoliert. Die Einsamkeit verstärkt sich und führt zu Ärger, Wut und Vorwürfen. Und alles nur, weil die Mitglieder der Familie allein ihre eigenen Interessen im Blick haben, anstatt mit Liebe und Verständnis auf die Einsamkeit zu reagieren.

Unzufriedenheit

Fast jeder einsame Mensch ist mit seiner Lebenssituation unzufrieden. Er glaubt, daß es zwischen seiner Einsamkeit und seinen durchschnittlichen Leistungen im Büro und zwischen seiner Entspannung und seinem Familienleben einen Zusammenhang gibt. Der abschließende Ratschlag von Paulus an die Philipper: „Freut euch in dem Herrn allezeit und abermals sage ich: Freuet euch!“ (Philipper 4,4), beeindruckt ihn nicht. Er kann sich nicht freuen, weil das Schicksal ihm anscheinend ein unglückliches Leben zugedacht hat. Deshalb spielen bei Gesprächen mit anderen Menschen die Klagen über sein eigenes Leben unterschwellig immer eine Rolle. Weil er zu sehr mit seinen eigenen Problemen beschäftigt ist, wird er keine Zeit haben, sich die Nöte anderer anzuhören.

Er schlägt damit nicht nur die Gebote des Neuen Testamentes in den Wind, Liebe und Freude zu zeigen, er verschlimmert auch sein eigenes Problem, denn Nörgler sind unbeliebt. Vor allem neigt er dazu, sich ausgeschlossen zu fühlen und bringt damit eine verhängnisvolle Spirale in Gang, bei der seine Nörgelei sowohl der Grund als auch der Ausdruck seiner Einsamkeit ist.

Selbstmitleid

Das Kreisen um sich selbst und die Unzufriedenheit sind zwar sündhafte Folgen der Einsamkeit, sie sind aber nicht für das Verständnis von Einsamkeit und Sünde entscheidend, sondern das Selbstmitleid ist entscheidend. Es ist der Schlüssel, mit dem man das ganze Problem verstehen kann.

Elia muß etwas von einem „Hohen Tier“ in sich gehabt haben, als er jämmerlich in die Wüste flüchtete, nachdem ihn Gott dazu berufen hatte, ihn bei dem großen Wettstreit auf dem Berg Karmel zu vertreten. Er hat seine Rolle als Gottes Spitzenstar gegen die Baalspropheten gespielt, aber als er den Atem von Jezebel in seinem Nacken spürte, da war ihm die Verantwortung plötzlich zu groß:

„Da machte er sich auf und lief um sein Leben und kam nach Beerscheba in Juda und ließ seinen Diener dort. Er aber ging hin in die Wüste, eine Tagesreise weit und kam und setzte sich unter einen Wacholder und wünschte sich zu sterben und sprach: Es ist genug, so nimm nun, Herr, meine Seele; ich bin nicht besser als meine Väter ... Ich habe geeifert für den Herrn, den Gott Zebaoth; denn Israel hat deinen Bund verlassen und deine Altäre zerbrochen und deine Propheten mit dem Schwert getötet, und ich bin allein übriggeblieben, und sie trachten danach, daß sie mir mein Leben nehmen.“ (1.Könige 19,3-4.10).

Es ist klar, daß Elias Verzweiflung eine Folge seiner Einsamkeit war. Er ist – das fühlt er – Gottes letzter Mann in einem Volk von Abtrünnigen. Nicht nur das, Gott hatte ihn gerade zu einem Provokateur gemacht, indem er ihn veranlaßt hatte, 400 Propheten der offiziellen Religion des Landes zu töten.

Elia zeigt einige der typischen psychischen Symptome von Einsamkeit. Die Tatsache, daß er sich in dieser Situation befindet, scheint eine Folge seiner unrealistischen Erwartungen zu sein. Dachte er wirklich, das Ganze wäre nur eine Kleinigkeit und Jezebel würde ihn einfach laufenlassen, obwohl er 400 ihrer Propheten getötet hatte? – Offensichtlich war es so. Er schien völlig überrascht zu sein, daß sie darüber wütend war. Deshalb ist er jetzt auf der Flucht, fühlt sich alleingelassen und völlig unfähig. Er denkt ständig über seine eigenen Grenzen und über seine Einsamkeit nach, bis er auch den letzten Rest Hoffnung noch verliert. „Besser zu sein als seine Väter“ – daran hatte Elia bisher nie einen Gedanken verschwendet, und obwohl er allein war, hätte gerade Elia eigentlich wissen müssen, daß der Baalskult nicht überall in Israel verbreitet war. Gott hatte nicht nur ein oder zwei gläubige Menschen bewahrt, sondern ganze 7.000. Die Einsamkeit machte Elia dafür jedoch blind. Er war so sehr mit seinem eigenen Pech beschäftigt, daß er sogar sterben wollte.

Der Schlüssel, um die Lage zu verstehen, in der Elia sich befand, heißt: Selbstmitleid. Das kurze Gebet, das er an Gott richtet, faßt alles zusammen. Was herauskommt, ist nur ein Betteln um Verständnis. In Wirklichkeit sagt er: „Habe ich dir nicht im guten Glauben gehorcht? Das habe ich jetzt davon.“ Er tut das, wozu jeder andere Mensch, der Selbstmitleid hat, auch neigt: Er macht der Welt zwei Vorschläge und erwartet, daß alle sie unterschreiben. Der eine ist: „Ich habe alles richtig gemacht, und deshalb bin ich an meiner Lage nicht selbst schuld." Der andere: „Weil ich ein Opfer bin, mußt du mich bemitleiden."

Selbstmitleid ist eine erschütternde und abstoßende Eigenschaft. Ein Mensch, der im Selbstmitleid badet, hat die Verantwortung für sein eigenes Leben abgegeben. Er bettelt um Gefühle. Seine Lage ist völlig unproduktiv – es kann aus ihr nichts Positives entstehen, denn dieses Betteln ist außerdem unnötig. Wenn ich mich weigern würde, meine Rechnungen zu bezahlen, mit der Begründung, ich sei pleite, dann wäre das eine Lüge. Ich wäre nicht zahlungsunfähig, weil mein Konto leer ist, sondern weil ich es so will. Mit dem Selbstmitleid ist es ähnlich. Nachdem Elia zu Gott gesprochen hatte, antwortete der nicht nachsichtig: „Du armer Mensch, in welches Unglück bist du gestürzt?" Das, was Elia als den Grund für seine Probleme sah, ignorierte Gott völlig: „Gott sagte zu ihm: ‚Geh wieder deines Weges durch die Wüste nach Damaskus und geh hinein und salbe Hasael zum König!'" (1.Könige 19,15).

Mit anderen Worten: „Hör mit dem Gejammer auf und geh zurück an die Arbeit!"

Der einsame Mensch, der sich selbst bedauert, erklärt sozusagen seinen gesellschaftlichen Bankrott, den es in Wirklichkeit gar nicht gibt. Es gibt eine Lösung für das Problem der Einsamkeit – und das ist der Grund, warum ich dieses Buch schreibe und warum Sie es lesen. Wenn jemand sagt: „Ich fühle mich einsam, habe Mitleid mit mir!", dann ist das ebenso lächerlich, wie wenn der Chef Ihrer Bank Sie bittet, ihm ein paar Mark zu leihen. Er hat alles, was er braucht. Der einsame Mensch auch, wenn er es nur akzeptieren würde.

Diese Lösung hat jedoch einen Haken: Eine Antwort auf die Einsamkeit bekommt man, indem man einfach zu Gott „Ja" sagt. Das ist die Antwort der Bibel, die ich in diesem Buch genauer erkläre. Sie haben also die Wahl. Auf der einen Seite steht die Möglichkeit, die Einsamkeit zu besiegen. Auf der anderen Seite ist die Gefahr, im Selbstmitleid zu versinken. Sie können nicht beides haben. Genausowenig kann man Wasser und Öl miteinander mischen. Sagen Sie „Ja“ zu Gott, und Sie werden aus Ihrer Trägheit ausbrechen, wie Elia, als er sich nach Damaskus aufmachte. Entscheiden Sie sich aber für das Selbstmitleid, dann wollen Sie nur Verständnis für Ihre Situation und keine Lösung. Sie ignorieren Gottes Antwort auf die Einsamkeit und machen sich auf die verzweifelte Suche nach Mitgefühl. Am Selbstmitleid wird sich von selbst nichts ändern. Wenn Sie sich selbst bemitleiden, dann beantworten Sie Gottes Angebot mit einem „Nein“.

Deshalb ist Selbstmitleid eine Sünde. Zu Gott „Nein“ zu sagen, ist fast schon eine Erklärung für Sünde. Eva hat „Nein“ gesagt, als sie die verbotene Frucht vom Baum pflückte, und wir Menschen haben es seitdem immer wieder gesagt. Es gibt immer eine Möglichkeit, „Ja“ zu sagen. Eva hätte Gott gehorchen und die Frucht am Baum lassen können. Denken Sie über die letzten 24 Stunden nach, und ich bin sicher, daß Ihnen ein halbes Dutzend Gelegenheiten einfallen, in denen Sie eine ähnliche Wahl hatten. Die Versuchung zum Selbstmitleid in der Einsamkeit ist genau dasselbe.

Ich betone die Begriffe Sünde und Entscheidung deshalb so stark, weil man die Einsamkeit nicht besiegen kann, ohne das Problem wirklich verstanden zu haben oder ohne es wirklich zu 100 Prozent im Griff zu haben. Welche Antwort Gott für das Problem der Einsamkeit hat, darauf werde ich später zurückkommen. Zunächst möchte ich einige Scheinantworten unter die Lupe nehmen. Daß Sie in den Fängen des Selbstmitleids gefangen sind, sollte Sie nicht davon abhalten, nach Auswegen zu suchen. Deshalb ist es wichtig, die sogenannten Lösungen für das Problem der Einsamkeit näher zu betrachten, die Sie, wie Elias Rückzug in die Wildnis, in eine Sackgasse führen.

Wie man die Einsamkeit nicht besiegen kann

Was tun Sie, wenn Sie Zahnschmerzen haben? Ich denke, Sie werden zum Telefonhörer greifen und einen Termin beim Zahnarzt machen. Jetzt stellen Sie sich vor, Sie rufen an, und Ihr Zahnarzt gibt Ihnen keinen Termin. „Sie müssen deswegen nicht kommen," sagt er. „Machen Sie jeden Morgen 50 Liegestütze, dann werden Sie die Schmerzen schnell vergessen. Sie können auch Kaugummi kauen oder ins Kino gehen."

Würden Sie diesen Rat annehmen? – Natürlich nicht. Wenn Sie Schmerzen haben und sie loswerden wollen, dann erwarten Sie eine Behandlung, die Abhilfe verspricht. Für Menschen mit Zahnschmerzen gibt es unzählige Behandlungsmöglichkeiten. Einige sind an sich nicht schlecht, wie zum Beispiel 50 Liegestütze am Morgen oder ein Kinobesuch. Die Schmerzen verschwinden davon aber nicht.

Zahnschmerzen und Einsamkeit haben auf den ersten Blick nicht viel gemeinsam. Was beide jedoch verbindet, ist der Schmerz. Das eine ist ein körperlicher Schmerz, das andere ein psychischer. Beide Arten von Schmerz sind unangenehm, deshalb möchte man sie gerne loswerden. Das ist auch der grundlegende Sinn von Schmerz. Wenn ich mir beim Sport eine Sehne gezerrt habe, und ich spüre keinen Schmerz, dann laufe ich Gefahr, mich ernsthaft zu verletzen –, der Schmerz schützt mich also auch.

Natürlich kann ich einen bestimmten Schmerz nur loswerden, wenn ich weiß, wodurch er hervorgerufen wird. Den Grund für körperliche Schmerzen zu finden kann schwierig sein – Zahnärzte sollen auch schon einmal den falschen Zahn gezogen haben –, die Ursache für psychische Schmerzen auszumachen, ist noch komplizierter. So ist es zum Beispiel sehr schwierig, herauszufinden, was genau den Schmerz in einer Depression oder einer fundamentalen Ehekrise auslöst. Wahrscheinlich gibt es eine Reihe von Gründen, vieles hängt auch von den Besonderheiten der betroffenen Menschen ab; all das macht eine gründliche Untersuchung kompliziert. Ein Besuch beim Zahnarzt ist dagegen vergleichsweise einfach.

Wie ist es nun mit dem psychischen Schmerz der Einsamkeit? Woher diese Schmerzen kommen, läßt sich nur schwer herausfinden. Für diejenigen, die darunter leiden, ist das ein Nachteil. Etwas an dieser Art von Schmerz ist allerdings bemerkenswert. Wen die Selbstzweifel in die Einsamkeit getrieben haben, der hat schon eine klare Vorstellung von den Ursachen für seine Einsamkeit. Es ist seine Hautfarbe, sein Mundgeruch, der dicke Bauch, seine Nervosität, seine Distanz zu anderen, weil er berühmt ist oder Verantwortung trägt. Für das „Häßliche Entlein" ist das größte Problem seine Häßlichkeit.

Wie ich am Ende des letzten Kapitels schon erwähnt habe, ist irgendeine Art von Häßlichkeit nicht die entscheidende Ursache für die Einsamkeit. Auch wenn die Häßlichkeit mit dem schmerzhaften Erleben von Einsamkeit in Zusammenhang steht, so liegt der Schlüssel für das „Einsamkeitssyndrom" doch in der Person des Betroffenen, nicht in seinen Lebensumständen. Solange er das nicht erkennt, wird der einsame Mensch wie ein Häftling in der Zelle immer wieder versuchen, die Tür mit Schlüsseln zu öffnen, die nicht passen.

Diese falschen Lösungen oder falschen Schlüssel kann man in zwei Gruppen unterteilen. Denken Sie daran, daß der einsame Mensch davon ausgeht, daß er selbst für seine Situation verantwortlich ist, weil er unzulänglich ist. Unter dieser Voraussetzung hat er zwei Möglichkeiten: Die eine ist, er findet sich mit seiner Unzulänglichkeit ab und bemüht sich nicht mehr vergeblich, überall Freunde zu finden, sondern sucht dort nach Erfüllung, wo er bessere Aussichten auf Erfolg hat. Die andere Möglichkeit ist, er tut etwas an seiner Unzulänglichkeit, damit das „Häßliche Entlein" einem Schwan ähnlicher wird. Ich bezeichne diese beiden Möglichkeiten als „Austricksen" und „Schönheitsoperation".

Das Austricksen

Eine Möglichkeit des Austricksens ist, zu reisen.

Ich meine nicht den jährlichen Sommerurlaub. Für den durchschnittlichen Menschen von der Straße sind zwei Wochen Sonnenbaden auf Mallorca eine willkommene Abwechslung vom Alltagstrott und eine gute Gelegenheit, neue Freundschaften zu schließen. Aber der einsame Reisende wird selten an tropischen Stränden sonnenbaden. Es gibt dort zuviel, das ihn an seine Einsamkeit erinnert, und er findet dort zu wenig Anregungen für seine Phantasie.

Er neigt dazu, ungewöhnliche Reiseziele vorzuziehen, wo ständig neue Herausforderungen und Eindrücke auf ihn einströmen. Auf belebten Plätze wird er sich unter die Einheimischen mischen. Wenn er in Venedig oder Bombay die einheimische Kultur bewundert, wird er sich dabei kaum von Touristen, die seine eigene Sprache sprechen, stören lassen. Auf einer Kreuzfahrt (er macht oft Kreuzfahrten, weil er dabei für sich alleine bleiben und gehen kann, wohin er will) wird die Mannschaft ihn als Einsiedler respektieren. Sie werden ihn eher für exzentrisch halten als für einsam. Das ist ihm recht, weil niemand gerne zugibt, daß er einsam ist. Er hofft, daß diese Mischung aus Respekt mit einer gesunden Dosis an Neuem ein guter Ersatz für Freundschaften ist.

Trotzdem kehren fast alle einsam Reisenden früher oder später gelangweilt und traurig nach Hause zurück. So viele neue Eindrücke können sie nicht sammeln, daß sie davon überleben könnten. Viele versuchen deshalb, die Einsamkeit anders auszuspielen – durch Geldausgeben. Vielleicht haben sie schon auf ihren Reisen durch die ganze Welt damit angefangen. Vielleicht haben sie es erst mit dem Geldausgeben versucht und sind dann auf Reisen gegangen. Es macht keinen großen Unterschied, weil beides Versuche sind, die Einsamkeit auf ähnliche Weise zu bekämpfen.

Wer reist, der sucht nach neuen Eindrücken in der Ferne, wer Geld ausgibt, der sucht das gleiche in seinen eigenen vier Wänden. In beiden Fällen gilt, daß das Neue nur kurz für Befriedigung sorgt. Am Ende werden auch die neuen Möbel, die teuren Autos, der Schmuck, die Ming-Vasen und Warhol-Originale zum langweiligen Alltagseinerlei, und wieder muß sich der einsame Mensch mit seiner Einsamkeit auseinandersetzen.

Zu reisen und viel Geld auszugeben ist sicher ein Privileg, das nur wenige wohlhabende Menschen genießen. Die meisten müssen sich mit weniger aufwendigen Lösungen zufriedengeben. Es gibt aber auch eine weniger kostspielige Möglichkeit, die Einsamkeit auszuspielen, die sogar noch mehr Erfolg verspricht als die beiden eben genannten –, es ist das Fernsehen.

Einen besonderen Reiz hat das Fernsehen für die einsamen Menschen deshalb, weil es ein gewisses Gemeinschaftsgefühl vermitteln kann. Für einen älteren Menschen, der tatsächlich darunter leidet, daß er allein ist, kann das Fernsehen eine wichtige gesellschaftliche Funktion haben. Und für meinen Sohn Johnny, der auf den Rollstuhl angewiesen war und der sich nicht normal unterhalten konnte, war das Fernsehen die einzige Chance, Neuigkeiten zu erfahren und Spaß zu haben. In solchen Situationen kann Fernsehen durchaus ein Gewinn sein.

Das heißt jedoch nicht, daß ich das Fernsehen ohne Einschränkung gutheiße. Zum einen, weil es ein passiver Zeitvertreib ist. Man muß sich nicht anstrengen und man muß nicht besonders viel nachdenken. Eine sinnvolle Hilfe kann es für alte und kranke Menschen sein, für gesunde und mobile Menschen dagegen kann das Fernsehen so etwas wie eine Behinderung sein. Der einsame Mensch steht in der Gefahr, dem Fernsehen zu verfallen. Es nimmt ihm seine Energie, den Willen zu kämpfen und die Disziplin, die er braucht, um ein dynamisches Leben führen zu können. Ich glaube, daß jeder, der Erfolg haben will, auch dafür schwitzen muß, beim Fernsehen kommt aber niemand ins Schwitzen. Ständiges fernsehen raubt dem einsamen Menschen die Fähigkeit, eine vernünftige Unterhaltung zu führen oder sich in einer guten Sache zu engagieren. Am Ende verliert er sogar seine Selbstzufriedenheit –, er wird zu einem 24-Stunden-Empfänger.

Das ist auch das Gefährliche daran, wenn man fernsieht, ohne sich dabei um die Inhalte zu kümmern. Menschliche Wesen sind darauf angewiesen, Beziehungen zu anderen Menschen aufzubauen, nicht zu Bildröhren und Fernbedienungen. Es mag ja sein, daß Dokumentarfilme lehrreicher sind als Komödien, doch echte Beziehungen kann der Zuschauer zu keinem der beiden aufbauen. Aber wenn er nach einem ausgedehnten Fernsehabend ins Bett geht, hat er das Gefühl, daß er in seinem Wohnzimmer nicht allein war.

Die Tatsache, daß das Fernsehen an sich solche Vorstellungen nährt, sollte nicht außer acht lassen, daß auch der Inhalt der Sendungen eine Rolle spielt. Manche dort kreierten Illusionen sind unterhaltsamer als andere, manche sind geradezu lächerlich. Wieviele praktische Tips für den Aufbau tragfähiger Beziehungen kann eine durchschnittliche Seifenoper dem einsamen Fernsehzuschauer wirklich geben? Welche Werte vermittelt ein seichter Film mit primitiven Dialogen? Wenn der Zuschauer auf einen anderen Kanal umschaltet, auf dem gerade eine Talkshow läuft, ist er auch nicht besser dran.

Zwar treten in einer Talkshow echte Menschen auf, aber sie sprechen vollmundig über Themen, von denen sie im Grunde keine Ahnung haben. Ein Mann kann seinen Gegner im Ring vielleicht in drei Runden K.o. schlagen, aber macht ihn das schon zu einem kompetenten Gesprächspartner, wenn es um behinderte Kinder geht? Oder was ist mit dem Filmstar, der gerade zum fünften Mal geheiratet hat, ist er ein kompetenter Gesprächspartner in Sachen Liebe und Familienleben? Ich hoffe nicht!

Der Fernseher gilt nicht nur als Ersatz für die normalen zwischenmenschlichen Beziehungen, wer viel fernsieht, der setzt sich auch vielen dummen, irreführenden und manchmal sogar schmerzhaften Einflüssen aus. Die einzig mögliche Folge davon ist Verwirrung und eine noch stärkere Einsamkeit. Ich kenne keinen wirklich geistig gesunden Menschen, der jeden Tag bei Seifenoper, dummen Filmen und schlechten Talkshows Stunden vor dem Fernseher verbringt. Ich wäre überrascht, wenn ich je einen treffen würde.

Fernsehen verführt übrigens auch zu übermäßigem Essen. Nicht selten kämpfen Fernseher und Kühlschrank um den ersten Platz im Leben des einsamen Menschen. Ebenso wie das Fernsehen ist auch das Essen ein Versuch, gegen die Langeweile anzukämpfen. Wer gezwungen ist, einen Tag alleine zu verbringen, der wird nicht selten von Appetithäppchen angegriffen, besonders dann, wenn der einsame Mensch schon an sich ein Einzelgänger ist. Für Menschen, denen das Fernsehen allein nicht reicht, gibt es noch zwei extremere Möglichkeiten, die Einsamkeit zu bekämpfen: Alkohol und Drogen. Beide tun das, was auch das Fernsehen tut – sie lassen den Konsumenten in eine Welt der Illusionen eintauchen, nur tun sie es weitaus erfolgreicher.

Alkohol hat den Vorteil, ein legales Rauschmittel zu sein. Er ist einigermaßen preiswert und (bis zu einer gewissen Grenze) in der Gesellschaft akzeptiert. Aber ebenso wie Heroin ist der Alkohol eine Droge, die abhängig macht. Solche Drogen bieten scheinbar einen Ausweg aus der Einsamkeit, doch in Wirklichkeit verschlimmern sie die Einsamkeit nur noch. Alkohol und Drogen sind nur verschiedene Möglichkeiten, sich selbst zu zerstören.

Eine Möglichkeit, die Einsamkeit auszutricksen, habe ich bisher noch nicht erwähnt. Nicht, weil sie so gefährlich wäre, sondern weil sie in der westlichen Welt kaum als ein Problem gesehen wird. Es ist der sogenannte *Workaholismus,* die Arbeitssucht.

Im christlichen Verständnis wird die Arbeit an sich als gut angesehen. Bei einer Beschreibung der Arbeitssucht muß man deshalb vorsichtig zu Werke gehen. An zwei Beispielen möchte ich erklären, was ich darunter verstehe:

Der Australier Bruce Small begann sein Leben als Ziehkind der Heilsarmee. Als Teenager fing er damit an, Fahrräder zu reparieren, dann verkaufte er sie und später gründete er seine eigene Firma. In den 20er und 30er Jahren unterstützte er einen damals weltberühmten Radrennfahrer, Hubert Opperman. 1960 setzte er sich mit 65 Jahren zur Ruhe. Er hatte 30.000 Angestellte und war der größte Fahrradhändler in Australien.

Aber „zur Ruhe setzen" ist eigentlich nicht der richtige Ausdruck. Er zog an die Küste von Queensland und baute dort etwas auf, das als „Goldküste" in ganz Australien bekannt wurde – das wohl bekannteste Ferienparadies des Kontinents. Mit 76 bewarb er sich um einen Sitz im Parlament und wurde gewählt. Auch als 80jähriger ging er nicht, er rannte. Ich habe es mit eigenen Augen gesehen, wie er zu seinem Wagen gerannt ist. In einem Alter, in dem die meisten Menschen sich zur Ruhe setzen, hatte er einen Terminkalender, der einen 30-jährigen das Leben gekostet hätte. Er war rund um die Uhr erreichbar, da er keine Geheimnummer hatte, sondern im Telefonbuch stand, so daß jeder, der wollte, ihn direkt anrufen konnte. Trotzdem war er bei weitem kein zwanghafter Arbeitsmensch. Er wußte, wie er sich selbst bremsen konnte, wann er aufhören mußte und wie er sich erholen konnte.

Vergleichen wir ihn mit Dick Vermeil, dem früheren Trainer der Philadelphia Eagles. Er arbeitete ebenso hart wie Bruce Small. Seine Mannschaft kannte ihn als einen lebhaften Mann, für den sein Beruf an erster Stelle stand. In seinem Büro hatte er sich ein Klappbett aufgestellt, damit er durch die Fahrt nach Hause nicht zuviel Zeit verlor – er benutzte es oft. Unter ihm holten die Eagles mehrere nationale Titel. Aber dann konnte er an die früheren Erfolge irgendwann nicht mehr anknüpfen. 1975, als er 46 Jahre alt war, lehnte er schließlich ein Angebot der Mannschaft aus Atlanta ab. Statt dessen beschloß er, sich zur Ruhe zu setzen. Der Grund? – Die Arbeit hatte ihn ausgebrannt. Er war ein brillanter Trainer, aber seine fast schon fanatische Arbeitswut hatte ihn dazu gebracht, sein ganzes Privatleben zu opfern. Endlich hatte er beschlossen, daß sein privates Glück ein Preis sei, den zu zahlen er nicht mehr gewillt war.

In diesen beiden Beispielen wird der Unterschied deutlich zwischen einem hart arbeitenden Menschen und einem Workaholic, einem Arbeitssüchtigen. Die Grenze ist schwer zu erkennen. Beide waren erfolgreich und zwar, weil sie fleißig waren, weil sie sich ihrem Beruf verschrieben und weil sie Phantasie hatten. Ich bin sicher, daß man anders nicht zum Erfolg kommen kann. Aber ebenso, wie ein Formel-1 Sieg mehr vom Fahrer fordert, als ein paar Runden Bleifuß zu fahren, so hängt auch der berufliche Erfolg davon ab, ob jemand in der Lage ist, seine eigene Arbeit zu kontrollieren. Sich schon in der ersten Runde an die Spitze zu setzen ist kaum erfolgreich, wenn deshalb dann wenige Runden vor Schluß das Benzin alle ist, oder wenn Sie in den Leitplanken landen, weil Sie eine Kurve zu schnell genommen haben. Der Fahrer muß den Wagen im Griff haben, nicht der Wagen den Fahrer.

Arbeit, die außer Kontrolle gerät, nimmt schnell Bereiche in Besitz, die eigentlich mit anderen Dingen gefüllt sein sollten. Das gilt für den Workaholic ebenso wie für alle anderen arbeitenden Menschen. Zwischen dem Workaholismus und der Einsamkeit gibt es jedoch eine klare Verbindung. Die Unfähigkeit, mit dem eigenen Leben klarzukommen, führt oft dazu, daß sich ein Mensch zum Workaholic entwickelt. Er fühlt sich einsam und isoliert. Natürlich könnte er auch anders gegen diese Einsamkeit kämpfen, aber der Workaholic ist zu unruhig, um sich vor den Fernseher zu setzen. Alkohol und Drogen sind für ihn auch kein Ausweg, weil ihm an seinem Ansehen liegt. So stürzt er sich in die Arbeit. In seinen Augen ist das die ideale Lösung. Die Arbeit rechtfertigt sich selbst: Wenn er sich freinehmen würde, dann würden seine Kollegen ihn kritisieren, wenn er aber freiwillig Überstunden macht und zum Wohl seiner Firma seine Freizeit beschneidet, dann achten sie ihn. Nicht nur das, seine Arbeit ist auch eine gute Ausrede, unangenehmen Besuchern aus dem Weg zu gehen, und sie bringt ihm genügend Erfolgserlebnisse, um ihn vor einem Gefühl zu beschützen, das ihn immer wieder beschleicht, nämlich, daß er in Wirklichkeit schwach und unfähig ist.

Das Hauptproblem bei der Arbeitssucht ist der hohe Preis, der zu zahlen ist. Ebenso wie die Drogensucht verstärkt auch der Workaholismus die gesellschaftliche Isolation eines Menschen. Das bedeutet (wie bei einem Rauschgiftsüchtigen), daß der Abhängige sich immer stärker in die Arbeit stürzen muß, damit die Droge wirksam bleibt.

Natürlich kann der menschliche Körper mit einer Überdosis Arbeit genauso schlecht klarkommen wie mit dem dauernden Mißbrauch von Alkohol. Früher oder später wird es zu einem seelischen oder körperlichen Zusammenbruch kommen. Am Ende muß der Workaholic erkennen, daß er seinem Ziel nicht nähergekommen ist. Die nagenden Selbstzweifel, die ihn so lange an seinen Schreibtisch gefesselt haben, sind nicht verschwunden. Gail Sheehy, eine amerikanische Buchautorin, hat es so zusammengefaßt: „Bei dem Versuch, alle Dinge einem Ziel unterzuordnen, damit man am Ende zu den Siegern zählt – verbunden mit der Erwartung, daß die Unsicherheit dann verschwindet, daß man geliebt und verehrt wird und daß man niemals mehr verletzt wird oder das Gefühl hat, von anderen abhängig zu sein – wird das Meer der Einsamkeit immer größer und größer ..."

An vielen Stellen ermuntert die Bibel zu harter Arbeit, die Arbeitssucht verteidigt sie allerdings nicht.

Eine treffende Umschreibung für einen Workaholic lautet folgendermaßen: „Ein Mensch, der Sonntage nicht ertragen kann." Einem solchen Menschen könnte man sagen: „Gott hat viele Tage gemacht, deshalb mußt du nicht versuchen, alles an einem Tag zu schaffen." Wenn Gott zum Ausruhen extra eine Zeit reserviert hat und sogar in den zehn Geboten klare Anweisungen gegeben hat, wie man sich ausruhen und erholen soll, dann gibt es keine Ausrede für Christen, die versuchen, ihre Einsamkeit mit übermäßiger Arbeit zu bekämpfen. John Wesley reiste etwa eine halbe Million Kilometer auf dem Rücken eines Pferdes. Im Schnitt predigte er drei Stunden täglich und das mehr als 60 Jahre lang. Außerdem verfaßte er 371 Schriften. Trotzdem achtete er darauf, daß er täglich zu seiner Stillen Zeit kam. Obwohl er auf seinen Reisen viele Stunden alleine war, findet sich in seinem Tagebuch kein Hinweis darauf, daß er sich einsam gefühlt hat.

Das ist echte Arbeit!

Die Schönheitsoperation

Schönheitschirurgen haben dem „Häßlichen Entlein“ eine ganze Menge zu bieten. Dabei geht es aber immer um dasselbe, nämlich darum, den anderen Menschen vorzugaukeln, das „Häßliche Entlein“ sei in Wirklichkeit ein Schwan.

Das geht am leichtesten, wenn man zu anderen Menschen Abstand hält, so daß keiner den Unterschied erkennen kann. Im Klartext heißt das: Die sozialen Kontakte auf ein Mindestmaß reduzieren, sich nur auf oberflächliche Gespräche einlassen, nie Gefahr laufen, sich in Gefühle verwickeln zu lassen und nie zulassen, daß man sich um andere Sorgen macht oder daß andere sich um einen sorgen. Das funktioniert ziemlich gut – vorausgesetzt, es macht einem nichts aus, am Ende als jemand dazustehen, der ziemlich nett und uninteressant ist und einen großen Teil seiner Zeit mit Menschen verbringt, die genauso sind wie man selbst.

Menschen, die diese Methode anwenden, vermitteln vielleicht den Eindruck, ihr ganzes gesellschaftliches Leben sei eine Fahrt in der Achterbahn. Das allein macht diese Illusion einigermaßen erträglich. Oberflächliche Beziehungen sind immer auch leere Versprechungen. Sie brauchen keine Angst zu haben, daß jemand sie durchschaut, aber sie werden durch solche Beziehungen ihrer Einsamkeit auch nichts entgegensetzen können.

Wenn Sie anderen Menschen einmal so nahe gekommen sind, daß echte, tiefergehende Beziehungen möglich werden, dann wird es Ernst mit der Schönheitsoperation. Aber auf das alte, häßliche Gesicht werden Sie nicht verzichten können, solange eine Frage nicht geklärt ist: Wodurch will ich es ersetzen?

Eine Möglichkeit ist, Sie wühlen so lange im Dreck, bis Sie in Ihrer Vergangenheit fündig geworden sind. Wenn Sie sich so, wie Sie jetzt sind, nicht mögen, dann gibt es immer noch die Möglichkeit, so zu tun, als seien Sie so, wie Sie schon immer gewesen sind. Oder besser gesagt, wie Sie sich selbst gesehen haben. Die Vergangenheit hat nämlich die Eigenschaft, sich immer im besten Licht als „die gute alte Zeit“ zu zeigen, auch dann, wenn es früher eigentlich nicht viel anders war als heute. Aber ganz gleich, wie erschreckend das Leben damals in Wirklichkeit war, Gott hat uns nicht die Kraft gegeben, das Alte wiederzubeleben. Wenn wir es versuchen, dann führt das meist zu traurigen und lächerlichen Ergebnissen.

Ich erinnere mich, wie ich als junger Mann eine etwa 65 Jahre alte Frau beobachtete, die verzweifelt versuchte, so zu singen, wie sie als 20-jährige gesungen hatte. Sie wollte damit andere beeindrucken und gegen ihre Einsamkeit ankämpfen. Es wäre besser gewesen, sie hätte ihr Alter mit Würde getragen. Das einzige, was sie erreichte, war, daß die Menschen, die ihr zuhörten, Mitleid mit ihr hatten.

Diese Situation erinnerte mich an die traurige Szene in der Geschichte von Samson, als Delila, die sein Vertrauen mißbraucht und sein Haar abgeschnitten hatte, ihn mitten in der Nacht weckte: „Und sie sprach zu ihm: Philister über dir, Simson! Als er nun von seinem Schlaf erwachte, dachte er: Ich will frei ausgehen, wie ich früher getan habe, und will mich losreißen. Aber er wußte nicht, daß der Herr von ihm gewichen war.“ (Richter 16,20).

Solche Geschichten erschüttern uns mehr, als daß sie Bewunderung in uns hervorrufen. Das ist ein Beweis dafür, daß uns die Vergangenheit nie das bieten kann, was wir in der Gegenwart brauchen. Doch der einsame Mensch hat die Auswahl zwischen drei weiteren Arten von Schönheitsoperationen. Wenn er nicht in seine eigene Vergangenheit schauen kann, dann bleibt ihm bei der Suche nach einem neuen Gesicht nur der Blick in seine Gegenwart. Das heißt aber, daß seine Einsamkeit dann dazugehört. Er kann diese Einsamkeit nun entweder positiv oder negativ sehen.

Positiv gesehen fühlt er sich als Einzelgänger, der mit seinem Leben ganz gut alleine klarkommt und niemand anderen braucht. Eine einsame Frau wird manchmal durchblicken lassen, daß sie einsam ist, aber sie wird hinzufügen, daß ihr das nichts ausmacht, weil sie eben ein einsamer Typ ist. Das klingt etwas weniger aggressiv, aber es bleibt eine positive Einschätzung der Einsamkeit. Sie wird dargestellt als etwas, das anderen Respekt abnötigt, das Bewunderung verdient.

Im Gegensatz dazu verlangt die negative Sicht der Einsamkeit danach, bedauert zu werden. Der Mensch, der sich so darstellt, gleicht einem Bettler, der auf seinen verkrüppelten Fuß hinweist. Er gibt zu, daß er anders ist, aber er nutzt diesen Unterschied, um darauf hinzuweisen, daß er besondere Beachtung verdient. Für einen Bettler drückt sich Beachtung in barem Geld aus, der einsame Mensch will eher umfassende Hilfe und Sympathie von seinen Mitmenschen. Jemanden zu haben, der einen bedauert, ist immer noch besser, als niemanden zu haben.

Beide Arten, mit der Einsamkeit umzugehen, die positive wie die negative Sicht, haben jedoch die Eigenschaft, daß andere Menschen auf Distanz gehen. Jemand, der die positiven Seiten seiner Einsamkeit betont, zeigt damit, daß er an einer Freundschaft nicht interessiert ist. Zumindest vermittelt er einen entsprechenden Eindruck. Andererseits wird jemand, für den Freundschaft und Mitleid nur verschiedene Ausdrücke für dieselbe Sache sind, seine Freunde nicht lange halten können.

Soviel zur Suche nach einem „neuen Gesicht“ in der eigenen Geschichte oder in der Gegenwart.

Es bleibt noch eine dritte Möglichkeit: Sich andere Menschen zum Vorbild zu nehmen. Vielleicht entdeckt der einsame Mensch bei der Suche nach Vorbildern zufällig die Antwort der Bibel auf die Frage nach der Einsamkeit. Das passiert allerdings selten. Sehr viel wahrscheinlicher ist, daß er in Schundromanen, in Talkshows und in Zeitschriften nach billigen Allheilmitteln sucht. Nur, wenn er viel Glück hat, werden ihm die Tips von selbsternannten „Fachleuten“ helfen können.

Manchmal sind sie sogar für die „Fachleute“ selbst verheerend. In einer Talkshow habe ich einem Kinostar zugehört, der darüber sprach, wie man mit der Einsamkeit umgehen kann. Hätten Sie ihn gehört, Sie hätten ihn für den weltweit kompetentesten Fachmann in Sachen Einsamkeit gehalten. Ein paar Tage später verkündeten die Schlagzeilen der Zeitungen seinen Tod. Der Grund? – Selbstmord aus Einsamkeit.

Ich will damit nicht sagen, daß es grundsätzlich falsch ist, auf andere Menschen zu hören oder sie sich als Beispiel zu nehmen. Ich habe bereits erwähnt, daß mir, als ich Teenager war, ein Buch sehr geholfen hat, das mir meine Mutter in die Hand gedrückt hatte. Es ging darum, wie man mit den richtigen Menschen Freundschaften pflegen kann. Genau darum geht es – es müssen die *richtigen* Menschen sein. Wenn jemand im Fernsehen auftritt oder wenn er für Zeitschriften schreibt, dann heißt das noch lange nicht, daß das, was er sagt oder schreibt, auch richtig ist. Vielleicht ist er ein Dummkopf und ein Quacksalber, dem man auf die Füße treten muß. Die warmen, tiefen Wasser der menschlichen Bedürfnisse sind viel zu oft von Haien verseucht.

Lassen Sie mich noch einmal betonen, daß es nur eine echte Antwort auf die Einsamkeit gibt. Ein Spezialist, der gute Arbeit leistet, kann Ihnen vielleicht den ein oder anderen guten Tip geben, oder die Erfahrungen eines anderen Menschen können ein gutes Beispiel für Sie sein. Aber wirklich besiegen können Sie die Einsamkeit nur, wenn Sie ernsthaft nach Gott suchen. Alle anderen Versuche werden am Ende fehlschlagen. Wie der Psalmdichter gebetet hat: „Wenn mir gleich Leib und Seele verschmachtet, so bist du doch, Gott, allezeit meines Herzens Trost und mein Heil." (Psalm 73,26).

Gottes Verheißungen für einsame Menschen

Wenn wir von Gottes Verheißungen für einsame Menschen sprechen wollen, dann müssen wir mit dem einsamsten Menschen beginnen, von dem die Bibel berichtet. Man kann sagen, er war ein „Hohes Tier". Aber das spielt keine Rolle, denn das, was Gott ihn gelehrt hat, gilt ebenso für das „Sandkorn", den „Außenseiter", den „Einsam-Liebenden" oder das „Häßliche Entlein". Der Name dieses Mannes war Josua.

Zu dem Zeitpunkt, als Josua die Leitung des Volkes Israel übernahm, befand sich die Nation gerade in einer schwierigen Phase. Nachdem sie 40 Jahre durch die Wildnis gewandert waren, die Völker Og und Sihon besiegt hatten, machten sich die Israeliten gerade daran, den Jordan zu überqueren und in das verheißene Land einzuziehen. Es war nicht die Zeit, an Gottes Verheißungen zu zweifeln. Trotzdem gab Mose, der Mann, der sie aus Ägypten herausgeführt hatte, genau in diesem Augenblick bekannt, daß Gott ihm nicht erlaubt hatte, in das gelobte Land einzuziehen. Welche Wirkung diese Nachricht hatte, das kann man sich leicht vorstellen. Mose hatte dem Pharao die Stirn geboten, das Rote Meer geteilt, Wasser aus einem Felsen fließen lassen, und er war Gott selbst am Berg Sinai begegnet. Bei allem Respekt, diese Entscheidung war schwer zu verstehen.

Wie mag Josua sich gefühlt haben, als er in die Fußstapfen des Mose trat? War es eine Ehre für ihn, so Gott zu dienen? Wahrscheinlich schon. Aber er wußte auch, wie riesig groß die Aufgabe war, die vor ihm lag. Hatte er die Israeliten erst einmal über den Jordan geführt (was auch schon keine leichte Aufgabe war), stand er vor der Herausforderung, eine bewaffnete Invasionsarmee anführen zu müssen. Durch die Wildnis zu streifen war eine Sache, aber die Stämme Kanaans in einen Krieg zu verwickeln, das war etwas anderes. Dazu kam noch, daß Josua, obwohl das Volk Israel mit Moses Entscheidung, ihn zu seinem Nachfolger zu machen, einverstanden war, als Anführer keinerlei Erfahrung hatte. Er mußte erst noch beweisen, daß er dieser Aufgabe auch gewachsen war.

Zuerst lief alles entsprechend seiner Vorstellungen. Gegen die Rubeniter, die Gaditer und die Hälfte des Stammes Manasse setzte er seinen Machtanspruch durch (sie alle wollten am Ostufer des Jordan bleiben), indem er sie überredete, weiter am Feldzug teilzunehmen. Dann schickte er Spione zur nächstgelegenen kanaanitischen Stadt, nach Jericho. Sie kamen mit guten Nachrichten zurück: Der Ruf der Israeliten war ihnen vorausgeeilt, und „es sind auch alle Bewohner des Landes vor uns feige geworden." (Josua 4,24). Josua ließ dann das Lager in Schittim abbrechen und zog weiter zum Jordan, seinem „Roten Meer". Er befolgte Gottes Anweisungen und schickte zuerst die Priester, die die Bundeslade trugen, zum Jordan hinunter. Zum zweiten Mal in der Geschichte Israels teilte sich vor ihnen Wasser, das unüberwindbar schien. „An diesem Tage machte der Herr den Josua groß vor ganz Israel. Und sie fürchteten ihn, wie sie Mose gefürchtet hatten, sein Leben lang." (Josua 4,14).

Der Erfolg ist es, der die Einsamkeit eines Anführers immer wieder versüßt. Die echte Herausforderung kommt jedoch erst mit den Mißerfolgen, das sollte Josua sehr bald zu spüren bekommen. Nach dem Fall der Stadt Jericho plante er, die Stadt Ai mit einer kleinen Expeditionstruppe von nur 3.000 Mann einzunehmen. Was er nicht wissen konnte: dieser Versuch mußte in einer Katastrophe enden: „Und die Männer von Ai erschlugen von ihnen etwa sechsunddreißig Mann; sie hatten sie nämlich von dem Tor bis zu den Steinbrüchen gejagt und am Abhang erschlagen. Da verzagte das Herz des Volkes und ward zu Wasser." (Josua 7,5).

Für den neuen Anführer war das ein gefährlicher Rückschlag. Die Niederlage schien der Beweis dafür zu sein, daß Israel verwundbar war, weil es alleine gegen die Stämme

Kanaans stand. Wenn schon eine kleine Stadt wie Ai sie in die Flucht schlagen konnte, was ist dann mit den großen Städten? Angst breitete sich im Lager aus. Josua, der bisher auf einer Woge des Erfolgs geschwommen war, hatte plötzlich das Gefühl, in ein tiefes Loch gefallen zu sein. Er verlor fast die Nerven: „Josua aber zerriß seine Kleider und fiel auf sein Angesicht zur Erde vor der Lade des Herrn bis zum Abend samt den Ältesten Israels, und sie warfen Staub auf ihr Haupt.

Und Josua sprach: ‚Ach, Herr, Herr, warum hast du dies Volk über den Jordan geführt und gibst uns in die Hände der Amoriter, um uns umzubringen? Oh, daß wir doch jenseits des Jordan geblieben wären! Ach, Herr, was soll ich sagen, nachdem Israel seinen Feinden den Rücken gekehrt hat? Wenn das die Kanaaniter und alle Bewohner des Landes hören, so werden sie uns umringen und unseren Namen ausrotten von der Erde. Was willst du dann für deinen großen Namen tun?'" (Josua 7,6-9).

Daß Josua sich alleingelassen fühlte, war laut und deutlich zu hören. Er fühlte sich nicht nur als Führer des Volkes im Stich gelassen, sondern auch als Mensch. Josua war verzweifelt, weil er sah, welche Folgen das hatte, und so begann er zu phantasieren. In Wirklichkeit war er ein „Hohes Tier", das in einer Krise den Kopf verlor. Nun hatte er sich in die Idee verrannt, daß alles unter ihm zusammenbrechen könnte.

Dieses Gefühl, in den Abgrund zu stürzen, ist ein besonderes Problem aller „Hohen Tiere". Aber die Angst vor dem Absturz kennen auch alle anderen einsamen Menschen, wenn sie sich über die Zukunft Gedanken machen. Es ist, als ob man in einem Saal steht, an dessen Wand sich Zerrspiegel befinden. Es ist ein heilloses Durcheinander und alles wirkt viel größer, als es tatsächlich ist. Josua fiel nichts Besseres ein, als sich mit dem Gesicht nach unten auf den Boden zu legen.

Gott aber hatte andere Vorstellungen: „Da sprach der Herr zu Josua: Steh auf! Warum liegst du da auf deinem Angesicht?" (Josua 7,10).

Nachdem Gott den ungewöhnlich schwach wirkenden Josua wieder auf die Füße gestellt hatte, begann er, ihm Anweisungen zu geben. Er tat das in doppelter Hinsicht. Zuerst stellte er fest, daß der Mißerfolg, für den Josua Gott verantwortlich machte, eine andere Ursache hatte: „Israel hat sich versündigt, sie haben meinen Bund übertreten, den ich ihnen geboten habe, und haben von dem Gebannten genommen und gestohlen und haben's verheimlicht und zu ihren Geräten gelegt. Darum kann Israel nicht bestehen vor seinen Feinden." (Josua 7,11.12).

Als Anführer des Volkes war es Josuas Verantwortung, die Übeltäter zu bestrafen, die Gottes Anweisung, Jericho nicht zu plündern, mißachtet hatten. Er mußte die Beziehung zwischen Gott und dem Volk Israel wiederherstellen.

Außerdem erinnerte Gott Josua an eine besondere Verpflichtung, die er einging, als er Anführer des Volkes Israel wurde. Hier wird es im Zusammenhang mit Ai noch einmal erwähnt: „Und der Herr sprach zu Josua: Fürchte dich nicht und verzage nicht! Nimm mit dir das ganze Kriegsvolk und mache dich auf und zieh hinauf nach Ai! Siehe, ich habe den König von Ai samt seinem Volk in seiner Stadt und seinem Land in deine Hände gegeben." (Josua 8,1).

Das hatte Gott schon durch Moses gesagt, kurz bevor Josua dessen Rolle übernahm: „Seid getrost und unverzagt, fürchtet euch nicht und laßt euch nicht vor ihnen grauen; denn der Herr, dein Gott, wird selber mit dir ziehen und wird die Hand nicht abtun und dich nicht verlassen." (5. Mose 31,6).

Das Versprechen wird einige Verse weiter wiederholt: „Der Herr aber, der selber vor euch hergeht, der wird mit dir sein und wird die Hand nicht abtun und dich nicht verlassen. Fürchte dich nicht und erschrick nicht!" (5. Mose 31,8). Noch einmal erscheint dieses Versprechen, diesmal direkt von Gott, als Josua die neue Verantwortung übernimmt: „Ich will dich nicht verlassen noch von dir weichen." (Josua 1,5).

Gott hätte es nicht deutlicher sagen können. Es geht ihm um Josuas Herz und um die Kraft, die ihn vorantreibt. Er versichert Josua, daß er immer an seiner Seite ist und daß er ihn nie im Stich lassen würde. Er will, daß Josua begreift, was das heißt. Direkt an Josua gewandt versichert er ihm, daß seine

Angst verschwinden wird. Wenn er weiß, daß Gott ihm beisteht, kann er mit neuer Zuversicht und Vertrauen ans Werk gehen.

Mit anderen Worten: Die Niederlage bei Ai war nur ein Auslöser, der die persönlichen Probleme Josuas zum Vorschein brachte. Das Problem war eigentlich ein ganz anderes, nämlich, daß Josua Gottes Verheißung aus den Augen verloren hatte. Urplötzlich sah er die Lage so, wie sie zu sein schien, nicht wie sie wirklich war. Hätte er sich die Verheißungen Gottes zu Herzen genommen, daß er ihn nie im Stich lassen würde, dann hätte er keinen Nachmittag damit verschwendet, sich mit Staub auf dem Kopf auf den Boden zu legen. Er hätte Einsamkeit Einsamkeit sein lassen und einfach weitergemacht.

Josua heute

„Schön," sagen Sie jetzt vielleicht, „für Josua mag das ja in Ordnung sein. Aber daß ein Anführer aus dem alten Testament eine Verheißung von Gott bekommen hat, macht das Leben für mich heute nicht leichter!"

Moment mal. Dieselben Worte, die Gott gebrauchte, um Josua Mut zuzusprechen, tauchen auch im Neuen Testament auf, im Brief an die Hebräer. In einer ganzen Liste von Anweisungen gegen Ende des Briefes schreibt der Verfasser folgendes: „Seid nicht geldgierig, und laßt euch genügen an dem, was da ist. Denn der Herr hat gesagt: ‚Ich will dich nicht verlassen und nicht von dir weichen.' So können auch wir getrost sagen: ‚Der Herr ist mein Helfer, ich will mich nicht fürchten; was kann mir ein Mensch tun?'" (Hebräer 13,5.6).

Dieser Abschnitt ist eine machtvolle Bestätigung der fürsorglichen Liebe Gottes. Aber sehen Sie sich genau an, wie der Verfasser zu diesem Schluß gekommen ist. „Ihr müßt euch keine Sorgen machen wegen materieller Dinge, weil Gott verheißen hat, mit euch zu sein." Er zitiert direkt aus Josua 1,5. (Er kann diesen Vers nur von dort haben, weil Josua der einzige Mensch in der Bibel ist, dem Gott diese Verheißung gegeben hat.)

Was hat das also zu bedeuten? Ganz einfach: Diese Versicherung und die Kraft, die Gott Josua mit dieser Verheißung persönlich zuspricht, gilt jetzt für alle seine Kinder. Um es anders auszudrücken: Wer immer Sie auch sind, wie auch immer Ihr eigenes „Ai“ aussieht, dem Sie gegenüberstehen, Gott sieht Sie ebenso an, wie er Josua angesehen hat.

Es spielt keine Rolle, unter welcher Art von Einsamkeit Sie leiden. Wenn Gott sagt: „Steh auf, warum liegst du mit dem Gesicht auf dem Boden?“, dann meint er Sie. Wenn Gott sagt: „Ich will dich nicht verlassen noch von dir weichen.“ – dann meint er Sie. Deshalb möchte ich, daß Sie sich diesen Vers gut merken. Er ist die Grundlage für Gottes Antwort auf die Einsamkeit und der Schlüssel für Ihren Sieg darüber. Warum schreiben Sie ihn nicht jetzt gleich in großen Buchstaben auf einen Zettel und hängen ihn an einen Platz in Ihrer Wohnung, wo Sie ihn oft sehen und lesen können?

Trichtern Sie sich diesen Vers ein. Sagen Sie ihn immer wieder laut auf, bis er Ihnen in Fleisch und Blut übergeht. „Ich will dich nicht verlassen noch von dir weichen!“

Gott mit uns

Der Brief an die Hebräer ist nicht das einzige Buch der Bibel, in dem bestätigt wird, daß Gott im Leben der Gläubigen persönlich anwesend ist. Es ist die zentrale Aussage des Neuen Testamentes.

Menschen wie Josua waren eine Ausnahme im Alten Bund. Obwohl Gottes Herrlichkeit die Israeliten in der Bundeslade begleitet hat, hat Gott nie versprochen, persönlich jedem einzelnen Israeliten nahe zu sein. In späteren Jahrhunderten, als der Eifer der israelitischen Eroberer gewichen war und sie bequemer wurden und sogar Gott den Rücken kehrten, als sie ins Exil gehen mußten, sprachen die Propheten von einer Zeit, in der die Gegenwart Gottes für alle sichtbar werden würde.

„Und ich will mit ihnen einen Bund des Friedens schließen, der soll ein ewiger Bund mit ihnen sein. Und ich will sie erhalten und mehren, und mein Heiligtum soll unter ihnen sein für immer. Ich will unter ihnen wohnen und will ihr Gott sein, und sie sollen mein Volk sein." (Hesekiel 37,26.27).

Diese Vision des Emanuel, „Gott mit uns", erfüllte sich wortwörtlich. Das hatten nicht einmal die Propheten erwartet. Mit den bekannten Worten des Johannes gesprochen: „Und das Wort ward Fleisch und wohnte unter uns (und wir sahen seine Herrlichkeit, eine Herrlichkeit als des eingeborenen Sohnes vom Vater) voller Gnade und Wahrheit." (Johannes 1,14). Jetzt konnte es keine Rückkehr zu der alten Vorstellung über die Anwesenheit Gottes mehr geben. Die Bundeslade, in der Gott jetzt erschien, war nicht mehr von Menschenhänden gemacht. Es war der Körper eines menschlichen Wesens, Jesus Christus, ganz Gott und ganz Mensch.

Für Gott schien dieser Wechsel aus dem Allerheiligsten in den Körper eines Menschen zunächst ein schlechter Tausch gewesen zu sein. Als es noch kein Fernsehen und noch keine Zeitungen gab, war es Menschen nur sehr begrenzt möglich, mit vielen anderen Menschen gleichzeitig zusammen zu sein. Nur wenige Menschen folgten Jesus bei seinen Reisen durch das Land und nur zwölf von ihnen wählte er als seine Jünger aus. Außerdem ist der menschliche Körper verwundbar. Er wird müde, kann verletzt und sogar getötet werden.

Sowohl die Verwundbarkeit als auch die Begrenzung schienen den Jüngern von Anfang an Sorgen zu machen. Die Reise nach Jerusalem, wo Jesus tatsächlich ein begehrter Mann war, schien seiner gesamten Mission ein schnelles Ende zu setzen. Aber Jesus sah das nicht so. Er war bereit, freiwillig in den Tod zu gehen. Dieser Tod war notwendig auf dem Weg zur Erlösung. Auch das Weizenkorn muß „sterben", damit es bei der nächsten Ernte Frucht bringen kann. Zerstört diesen Tempel und Gott wird ihn in drei Tagen wieder aufbauen. Danach wird er so bei seinem Volk sein, wie ihr euch das vorher nicht hättet träumen lassen: „Jetzt aber gehe ich hin zu dem, der mich gesandt hat; und niemand von euch fragt mich: Wo gehst du hin? Doch weil ich das zu euch geredet habe, ist euer Herz voll Trauer. Aber ich sage euch die Wahrheit: Es ist gut für euch, daß ich weggehe. Denn wenn ich nicht weggehe, kommt der Tröster nicht zu euch. Wenn ich aber gehe, will ich ihn zu euch senden." (Johannes 16,5-7).

Die Sendung des Trösters (*parakletos,* wörtlich: „der bei uns ist") ist die Geburtsstunde der christlichen Kirche. Wie Petrus es am ersten Pfingsttag ausgedrückt hat: „Das ist's, was durch den Propheten Joel gesagt worden ist (Joel 3,1-5): Und es soll geschehen in den letzten Tagen, spricht Gott, da will ich ausgießen von meinem Geist auf alles Fleisch." (Apostelgeschichte 2,16.17). Gott hielt sich den Menschen nicht länger verborgen. Von diesem Augenblick an war er auf übernatürliche Weise in allen Menschen in der Person des heiligen Geistes gegenwärtig, die ihre Sünden bekannt und den Namen Jesu Christi ausgesprochen hatten.

Dieser Akt der Buße, so schreibt Paulus, bringt uns in besonderer Weise in die Gemeinschaft mit Gott. Nicht nur, daß der Heilige Geist in dem Menschen Raum nimmt, der Gläubige selbst ist verborgen in Gott. „Seid ihr nun mit Christus auferstanden, ... trachtet nach dem, was droben ist, nicht nach dem, was auf Erden ist. Denn ihr seid gestorben, und euer Leben ist verborgen mit Christus in Gott. Wenn aber Christus, euer Leben, sich offenbaren wird, dann werdet ihr auch offenbar werden mit ihm in Herrlichkeit." (Kolosser 3,1-4).

Man könnte auch sagen, daß Christen so nahe bei Gott sind, wie man nur sein kann, bevor man in seine Herrlichkeit eingeht. Unser Leben ist „verborgen mit Christus in Gott", und in der Zwischenzeit genießen wir die ständige tragende Gegenwart des Trösters in unserem Alltag hier auf der Erde. Hat da jemand gesagt, er sei einsam? Lesen Sie diesen Abschnitt noch einmal. Welchen Raum kann die Einsamkeit in unserem Leben einnehmen, wenn Gott uns sich selbst gegeben hat, zuerst in Christus und dann im Heiligen Geist? Die Antwort lautet: überhaupt keinen. Als Christen genießen wir das einzigartige Vorrecht, zu jedem Zeitpunkt Gottes Freunde zu sein. Auch dann, wenn wir unter der furchtbarsten Abgeschiedenheit leben, hervorgerufen durch schwere Lasten, durch Verantwortung oder durch was auch immer. Gott steht zu seiner Verheißung: „Ich bin bei dir. Ich will dich nicht verlassen noch von dir weichen."

Die Verheißung der Gemeinschaft mit Gott ist nicht für ein paar Auserwählte reserviert, die besondere geistliche Erfahrungen machen oder etwas besonderes geleistet haben. Sie gilt ohne Wenn und Aber für jeden Christen. Wenn Sie Christ sind, dann gilt sie auch Ihnen. Gott ist gerade jetzt bei Ihnen. Der Tröster ist an Ihrer Seite, wie Jesus es vorausgesagt hat. Vielleicht denken Sie jetzt: „Schön, aber das Problem ist, daß ich nicht spüren kann, ob er da ist." Gut, dann vergessen Sie eben einfach Ihre Gefühle. Wir sprechen hier nicht von Gefühlen, wir reden von Tatsachen. Vielleicht frieren Sie, aber wenn draußen 30 Grad im Schatten sind, dann sagen Ihre Gefühle Ihnen nicht allzu viel über das Wetter. Der Siegeszug über die Einsamkeit beginnt nicht bei den Gefühlen. Er beginnt mit der zentralen und unanfechtbaren Tatsache, daß Gott bei Ihnen ist.

Sie sind nicht allein!

Machen Sie sich Gottes Verheißung bewußt. Anders werden Sie den Kampf gegen die Einsamkeit nicht erfolgreich beginnen können.

Werden Sie sich aber gleichzeitig dessen bewußt, daß Gott Ihnen eine ganze Menge mitgegeben hat, das Ihnen auf Ihrem Weg helfen wird. Christsein war nie als Privatangelegenheit gedacht. Als Petrus am Pfingsttag seine erste Predigt hielt, und die Kirche dadurch um 3.000 Mitglieder anwuchs, segneten die Apostel die Leute nicht nur und schickten sie dann nach Hause. Die Kirche wurde eine Gemeinschaft „und sie waren täglich einmütig beieinander im Tempel und brachen das Brot hier und dort in den Häusern" (Apostelgeschichte 2,46). So oder so ähnlich breitete sich das Christentum über das ganze Römische Reich aus.

Die meisten Briefe des Neuen Testamentes sind an Gemeinden gerichtet. Auch in den persönlichen Briefen, zum Beispiel an Timotheus und Titus, geht es um Fragen der Gemeinde. Der christliche Glaube hat zwar mit einzelnen hingegebenen Menschen begonnen, danach aber drückte er sich im Leben der christlichen Gemeinschaft aus.

Dieser gemeinschaftliche Aspekt unserer Beziehung zu Gott ist ein wichtiger Pfeiler des Glaubens. Paulus hat den Galatern geschrieben, was es mit ihrem neuen Status als Mitglieder in Gottes Familie auf sich hat: „Als aber die Zeit erfüllt war, sandte Gott seinen Sohn, geboren von einer Frau und unter das Gesetz getan, damit er die, die unter dem Gesetz waren, erlöste, damit wir die Kindschaft empfingen. Weil ihr nun Kinder seid, hat Gott den Geist seines Sohnes gesandt in unsre Herzen, der da ruft: Abba, lieber Vater!“ (Galater 4,4-6).

Noch einmal kommt Paulus zu Wort, diesmal greift er die Nähe der Christen zu Gott auf und die Rolle des Heiligen Geistes: „Denn er ist unser Friede ... er ist gekommen und hat im Evangelium Frieden verkündigt euch, die ihr fern wart, und Frieden denen, die nahe waren. Denn durch ihn haben wir alle beide in einem Geist Zugang zum Vater. So seid ihr nun nicht mehr Gäste und Fremdlinge, sondern Mitbürger der Heiligen und Gottes Hausgenossen, erbaut auf den Grund der Apostel und Propheten, da Jesus Christus der Eckstein ist ... durch ihn werdet auch ihr miterbaut zu einer Wohnung Gottes im Geist.“ (Epheser 2,14.17-20.22).

Gott hat uns als Kinder in seine Familie aufgenommen. Wir sind Mitbürger in Gottes Königreich, Bausteine im Tempel, von Gott selbst erfüllt. Die Botschaft dieser Bilder ist deutlich: Sie sagen nicht nur, daß Gott uns seine Freundschaft versprochen hat, sondern sie weisen auch darauf hin, daß jeder Christ in einer Gemeinschaft von Männern und Frauen lebt, die alle auf dasselbe Ziel ausgerichtet sind. Er ist auf einer Pilgerfahrt, und er ist nicht allein.

Die Mitgliedschaft in einer Kirche oder Gemeinde ist allerdings keine Garantie für echte Freundschaften. Eltern wissen, wie schnell Kinder, die miteinander spielen, in Streit geraten. Einige der Bausteine, die für den Tempel bestimmt sind, sehen vielleicht nicht besonders schön aus. Deshalb beschäftigen sich die Briefe des Neuen Testamentes so ausführlich mit Fragen der Gemeindeordnung, und ebensooft ermuntern die Verfasser dazu, die Geschwister im Glauben zu lieben, wie Christus es gesagt hat. Wohlgemerkt, „wie Christus es gesagt hat".

Heute ist viel die Rede davon, daß Liebe ein Gefühl ist. Das Gefühl ist unwichtig; entscheidend ist das, was getan wird. Über meine Gefühle für die Opfer einer Hungerkatastrophe kann ich reden soviel ich will. Solange ich dieses Gefühl nicht in Taten umsetze (indem ich Geld spende oder für die Menschen bete), ist den Hungernden nicht geholfen. Gefühle allein sind nicht lebensrettend.

Gefühle erleichtern auch nicht die Einsamkeit. Seinen Brüdern und Schwestern im Glauben zu sagen, daß man sie liebt, kann eine Methode sein, sie sich vom Leib zu halten. Im Gottesdienst erlebt man einen liebevollen Umgang, ist aber eigentlich ein „Einsam-Liebender", weil hinter der Fassade einer netten, liebevollen Atmosphäre in der Gemeinde in Wirklichkeit wenig Substanz steckt.

Ein Pfarrer erzählte, daß er einmal von einem einsamen Mann besucht wurde, den er schon sein ganzes Leben lang kannte. Der Mann kam, um ihm zu sagen, daß er aus der Gemeinde austreten will.

„Sie sind so ein guter Freund", sagte er zu dem Pfarrer, „daß ich, auch wenn ich nicht an Gott glaube, das Gefühl habe, ich muß es Ihnen sagen, bevor ich austrete."

Der Pfarrer nickte und antwortete: „In Ordnung. Aber würden Sie mir bitte noch einen Gefallen tun, bevor Sie gehen? Ein treues Mitglied unserer Gemeinde liegt im Krankenhaus. Würden Sie zu ihm gehen und ihm aus dem ersten Petrusbrief vorlesen?"

Der Mann freute sich, daß er so glimpflich davongekommen war, stimmte zu und ging schnurstracks zum Krankenhaus. Einige Stunden später kam er erschüttert zurück. Wie vereinbart hatte er aus dem Brief vorgelesen, aber dieser kleine Ausdruck der Liebe hatte ihn verändert. Aus Worten waren Taten geworden, und ehe er sich's versah, hatte er begonnen, mit dem Mann zu beten. Die gute Tat für einen alten Freund hatte ihn zum Glauben geführt.

Die Gemeinde sollte eigentlich eine Heimat für einsame Menschen sein. Das Leben in der Familie Gottes gehört zum Christenleben dazu. Nicht alle Gemeinden sind so offen und fürsorglich wie sie sein sollten. Deshalb muß betont werden, daß allein Gott die richtige Antwort auf die Einsamkeit hat, nicht die Kirche oder Gemeinde.

Keiner ist perfekt; verlassen Sie sich deshalb nicht auf die Liebe der anderen Christen, wenn Sie Ihre eigene Einsamkeit überwinden wollen. Sie sollen eine Hilfe sein – aber nicht mehr. Wenn Sie auf andere Menschen bauen, werden Sie vielleicht im Stich gelassen. Es gibt nur eine Waffe gegen die Einsamkeit, die sicheren Erfolg verspricht, und das ist Gottes Versprechen an Josua, das Ihnen und mir heute noch genauso gilt wie jedem Christen: „Ich bin bei dir. Ich will dich nicht verlassen noch von dir weichen.“

Vertrauen Sie darauf, und Sie werden die Einsamkeit besiegen!

Zwei entscheidende Geheimnisse

Wir kommen jetzt zum Kernpunkt der Antwort Gottes auf die Einsamkeit. Wie wir bereits herausgefunden haben, wird das Problem der Einsamkeit nicht dadurch gelöst, daß wir ihm aus dem Weg gehen oder daß wir uns einer Schönheitsoperation unterziehen. Diese Versuche nehmen Ihre Aufmerksamkeit für eine Weile gefangen. Weil sie aber keine wirksamen Mittel gegen die eigentlichen Ursachen der Einsamkeit sind, können sie nur dabei helfen, das Problem zu verdrängen. Die einzig wirkungsvolle Antwort auf das Problem der Einsamkeit sind die Verheißungen Gottes. Die göttliche Antwort schlägt die Einsamkeit in die Flucht.

Es ist ganz gleich in welcher Art und Weise Sie Einsamkeit erleben. Das „Sandkorn", der „Außenseiter", der „Einsam-Liebende" und das „Häßliche Entlein" – sie alle werden die Einsamkeit besiegen. Das „Hohe Tier" wird sich aufgrund seiner beruflichen Stellung zwar immer wieder alleingelassen fühlen, aber auch er wird in der Lage sein, mit seiner Abgeschiedenheit klarzukommen und alle anderen Formen von Einsamkeit aus seinem Leben zu verbannen.

Aber es ist ein Haken bei der Sache. Wenn Sie diese Revolution erleben wollen, dann müssen Sie sich mit sich selbst beschäftigen. Gottes Lösung ist keine Schnelldiät, die in ein paar Wochen sichtbare Erfolge bringt. Sie ist nichts Geringeres als eine völlige Neuorientierung in Ihrem Leben.

Ein einfaches Beispiel aus der Praxis: Ein Städteplaner, der aus den Slums in der Stadtmitte eine ansehnliche Wohngegend machen soll, wird nicht damit beginnen, die alten Hütten neu zu tapezieren. Die Bausubstanz ist einfach zu schlecht, und die Gebäude sind nicht geeignet. Das Gelände muß eingeebnet werden, bevor man etwas Sinnvolles damit machen kann. Deshalb beginnt der Städteplaner nicht damit, alles zu verschönern und die bestehenden Häuser zu reparieren, sondern er reißt alte und baufällige Häuser nieder, damit Platz für etwas Neues entstehen kann.

Wenn man das Problem der Einsamkeit anpackt, dann geht es meist zuerst darum, Beziehungen zu anderen Menschen wieder in Ordnung zu bringen. Viele Bücher und Zeitschriften, die sich mit diesem Thema beschäftigen, ermuntern dazu. „Lernen Sie, wie Sie Beziehungen gestalten können", so liest man dort, „und Sie werden entdecken, daß dies der entscheidende Schritt ist, die Einsamkeit zu überwinden." Es stimmt zwar, daß es wichtig ist, Beziehungen wieder in Ordnung zu bringen, man sollte das jedoch nicht an die erste Stelle setzen. Die Wände zu tapezieren ist Zeitverschwendung, wenn die Wand bröckelt und das Dach undicht ist.

Lassen Sie sich nicht von scheinbar einfachen Lösungen in die Irre führen. Sie bekommen das, wofür Sie arbeiten wollen. Wenn Sie damit zufrieden sind, in einer kalten und nassen Wohnung zu leben, die einfach nur neu tapeziert wurde, dann ist das Ihre Sache. Es kostet nicht viel Arbeit, die Wände zu tapezieren, aber es bringt auch nicht viel. Nach ein paar Wochen wird alles wieder so aussehen wie vorher. Natürlich könnten wir das weiterführen, wenn wir Ihnen zum Beispiel erlauben würden, ein bißchen mehr zu tun als nur neu zu tapezieren. Sie könnten ein paar Dachziegel austauschen und den Boden trockenlegen. Aber warum mit Halbheiten zufrieden sein, wenn man ein völlig neues Haus bekommen kann?

Sie sehen, Gott ist so etwas wie ein Entwicklungshelfer, der klare Vorstellungen davon hat, wie er Ihr Leben erneuern kann. Vertrauen Sie sich seiner Führung an, wenn Sie gegen Ihre Einsamkeit kämpfen wollen, und Ihr Leben wird sich grundlegend ändern. Machen Sie sich bereit, seinen Vorstellungen zu folgen, nicht Ihren eigenen. Denken Sie auch daran, daß die Wiederherstellung von Beziehungen, die „Dekoration", erst am Ende dieses Prozesses steht. Wenn Sie damit Erfolg haben möchten, müssen Sie sich zunächst auf andere Bereiche konzentrieren. Gehen Sie also Schritt für Schritt vor.

Ich habe schon erwähnt, daß Sie sich den Vers aus dem Buch Josua, auf den Gottes Antwort auf die Einsamkeit aufbaut, einprägen sollen. Wenn Sie sich jetzt an diesen Vers erinnern können, haben Sie schon begonnen, siegreich gegen die Einsamkeit vorzugehen. (Wenn nicht, dann blättern Sie zurück und prägen sich den Vers ein!) Um Ihnen an diesem Punkt weiterzuhelfen, habe ich Gottes Plan in drei knappen Punkten zusammengefaßt. Im folgenden sind die Aufgaben hervorgehoben, denen Sie sich der Reihe nach stellen müssen. Prägen Sie sich diese drei Punkte ein –, es ist Gottes Schlachtplan für Ihren Sieg über die Einsamkeit:

▷ Kommen Sie mit Gott ins reine
▷ Kommen Sie mit sich selbst ins reine
▷ Kommen Sie mit anderen ins reine

Sie werden merken, daß diese drei Punkte den Überschriften der nächsten drei Abschnitte dieses Buches entsprechen. In jedem dieser drei Abschnitte finden Sie genauere Angaben darüber, was Sie in dem jeweiligen Stadium zu tun haben. Bevor Sie aber zu den nächsten Seiten kommen, möchte ich zwei wichtige Prinzipien hervorheben: Disziplin und Abhängigkeit. Ich habe diese beiden Begriffe bisher nicht erwähnt, aber Sie können sicher sein, daß Sie sie brauchen werden.

Stellen Sie sich vor, ein Mann, der auf Geschäftsreise gehen will, steht am Flughafen. Wahrscheinlich hat er zwei Koffer dabei: eine Aktentasche mit den Unterlagen und Papieren, die er für die Sitzungen braucht, und einen Koffer mit Schlafanzug, Zahnbürste und einem frischen Unterhemd. Er braucht beide Koffer, damit die Geschäftsreise ein Erfolg wird. Zu einer Sitzung kann er nicht ohne seine Papiere erscheinen, aber er möchte auch nicht mit einem schmutzigen Hemd am Konferenztisch sitzen.

Mit Disziplin und Abhängigkeit ist es genauso. Sie gehören dazu, wenn man seine Einsamkeit wirksam bekämpfen möchte. Beide sind notwendig, weil der Kampf gegen die Einsamkeit ein gemeinsames Projekt ist, an dem Sie mit Gott gemeinsam arbeiten. Das heißt, daß beide Partner sich gut verstehen müssen. Die Disziplin richtet Ihr Augenmerk auf sich selbst. Die Abhängigkeit richtet Sie auf Gott aus.

Disziplin

Ich bin ein großer Verehrer von Michelangelo, und befinde mich in guter Gesellschaft, wenn ich ihn als Genie bezeichne. Wenn ich ihm das ins Gesicht gesagt hätte, dann hätte er das nicht als Kompliment aufgefaßt. Als er eines Tages hörte, daß man ihn so bezeichnete, schimpfte er los: „20 Stunden am Tag und das 14 Jahre lang arbeite ich, und ihr nennt mich ein Genie?“ Thomas Edison sah das ähnlich. Er pflegte zu sagen, daß seine Erfindungen zu zwei Prozent Inspiration und zu 98 Prozent Transpiration, also Schweiß waren.

Beide Männer beherrschten die Kunst des disziplinierten Lebens, und beide sahen darin den Grund für ihren Erfolg. Eine kleine Idee war der Auslöser dafür, daß sie alle Mühe daransetzten, ein perfektes Ergebnis zu erzielen. Kein Leichtathlet wird zu den Olympischen Spielen eingeladen, weil er herumsitzt und die Beine hochlegt. Einer hat vor kurzem gesagt, daß er jeden Tag sechs Stunden gearbeitet hat, und das mehr als sechs Jahre lang, um heute in Topform zu sein.

In anderen Lebensbereichen ist das ähnlich:

Der Pianist Paderewski saß täglich acht Stunden am Klavier.

George Bernard Shaw hat zehn lange Jahre geschrieben, bevor ein Verleger sich für seine Arbeit interessiert hat. Ernest Hemingway hat seine berühmte Erzählung „Der alte Mann und das Meer“ nicht weniger als 46 Mal überarbeitet.

Ist Ihnen schon einmal der Schriftzug „Otis“ an einer Aufzugtür aufgefallen? Wenn Sie diesen Namen das nächste Mal lesen, denken Sie daran, daß er dreimal als Mechaniker entlassen wurde, bevor er seine berühmte Erfindung entwickelte.

Manchmal versuchen Menschen, der Disziplin aus dem Wege zu gehen, indem sie sich auf ihren Glauben berufen. Ich bin der letzte, der den Glauben in Verruf bringen möchte. Der Glaube an die Verheißungen Gottes ist ein zentrales Thema in diesem Buch. Johannes aber hat hervorgehoben: „Glaube ohne Werke ist tot." (Johannes 2,20). Der Glaube muß sich in der Tat bewähren. Wer alles Gott überläßt, ist deshalb noch kein tiefgläubiger Mensch, das sieht eher nach Faulheit aus. Nur wer mit Gott gemeinsam ans Werk geht, der hat einen tiefen Glauben. Und Glauben zu haben bedeutet, Gottes Macht in Anspruch zu nehmen.

Stellen Sie sich einmal vor, ein Bergarbeiter sagt zu seinem Vorgesetzten: „Das Dynamit ist in der Vorratskammer. Ich warte nur darauf, daß es herauskommt und das Granit in die Luft jagt." Das wäre Unsinn. Natürlich braucht man Dynamit für den Bergbau, aber man muß es auch dahin transportieren, wo es gebraucht wird, und dann zur Explosion bringen. Genauso ist das mit dem Glauben: Was wir selber tun können, wird Gott uns nicht abnehmen.

Klare Hinweise darauf finden wir in der Bibel. Jesus hat Lazarus von den Toten auferweckt, aber er hat den Stein vor seinem Grab nicht selber weggerollt. Die Arbeit von einigen Männern war nötig, die den Stein wegrollten, um die Früchte des Glaubens sichtbar zu machen. „Zeige mir deinen Glauben ohne die Werke," schreibt Jakobus, „so will ich dir meinen Glauben zeigen aus meinen Werken." (Jakobus 2,18).

Es ist in jedem Bereich unseres Lebens unsere eigene Verantwortung, durch Disziplin unseren Glauben zu „zeigen". Die beste Opernsängerin hat zu Beginn ihrer Karriere nur ihre Begabung. Kein noch so großer Glaube kann daraus eine glanzvolle Karriere machen, das kann nur harte und disziplinierte Arbeit leisten. Mit unseren Gefühlen ist es ebenso. Die Einsamkeit verschwindet nicht, nur weil Sie dafür beten. Gott nimmt sie nicht wie einen schweren Koffer und trägt diese Gefühle für Sie. Sie können auch nicht erwarten, daß Sie Ihre Einsamkeit loswerden, wenn Sie von anderen Menschen nur genügend Liebe bekommen. Wenn Sie mit einer Diät abspekken wollen, verlassen Sie sich dann auf Gott oder auf gute Freunde? – Natürlich nicht. Vielleicht werden Sie von anderen ermuntert und unterstützt, aber wenn Sie sich selbst nicht disziplinieren können, dann können Ihnen andere auch nicht helfen.

Die Frage nach der Disziplin ist allesentscheidend, wenn man den verschiedensten Versuchungen widerstehen will. Für Ihr Gefühlsleben brauchen Sie eine starke Basis, damit Sie von unerwarteten und massiven Veränderungen in Ihrem Leben, wie zum Beispiel dem Tod eines lieben Menschen, dem Betrug durch einen Freund oder einem beruflichen Mißerfolg, nicht aus der Bahn geworfen werden. Ihr Gefühlsleben muß in einer guten Verfassung sein, damit Sie die Niederlagen und Enttäuschungen des Lebens meistern können. Es ist genauso wie mit Ihrem Körper, der ausgeruht und gut versorgt sein muß, damit er mit den Herausforderungen fertig werden kann, die lange Sitzungen, unerwartete Krisen und schlaflose Nächte an ihn stellen.

Das Leben kann manchmal sehr hart sein. Jeder Christ hat Unwetter und schwere Stürme erlebt, die das Schiff fast zum Kentern gebracht hätten. Wahrscheinlich kommen noch stürmischere Zeiten auf Sie zu, wenn Sie den Kampf gegen die Einsamkeit aufnehmen. Denken Sie daran: In solchen Situationen ist Disziplin lebenswichtig. Ohne Disziplin werden Sie die Einsamkeit nicht besiegen können.

Was aber, wenn Sie einer der am wenigsten disziplinierten und organisierten Menschen sind, die es gibt? Machen Sie sich nichts daraus. Hat Gott nicht verheißen, daß er Ihnen alles geben wird, was Sie brauchen? Beten Sie um Disziplin, und Gott wird Sie Ihnen Tag für Tag geben.

Es wundert mich immer wieder, daß Christen das so selten tun. In meinem Leben habe ich viele verschiedene Gebete gehört. Ich habe junge und alte Menschen, kranke und gesunde, glückliche und unglückliche gehört, die ihre Bitten an Gott gerichtet haben. Es wurde gelobt und gedankt; man betete für Missionare in fremden Ländern und für die Errettung der eigenen Familie, für Geld, um Rechnungen zu bezahlen, für die

Heilung eines lieben Menschen. Zu Recht beten wir um Weisheit, Kraft, Geduld und Demut. Aber haben Sie schon einmal jemanden um Disziplin beten hören?

Vielleicht liegt das daran, daß wir sie eigentlich nicht wollen.

Die Disziplin stellt Anforderungen an unsere Zeit und sie fordert Einsatz. Man kann das mit dem Versuch seinen Körper zu trainieren, vergleichen. Ein Ein-Minuten-Allheilmittel gegen die Einsamkeit gibt es nicht. Um erfolgreich zu sein, muß man sich einem harten Programm verschreiben, bei dem alle Muskeln zu schmerzen beginnen, die man lange nicht mehr trainiert hat. Haben Sie erst einmal mit einem solchen Programm gegen die Einsamkeit begonnen, werden Sie sich sicher manchmal schwach fühlen und mit dem Gedanken spielen, den neuen Lebensstil gegen das alte einsame Leben einzutauschen, das weniger von Ihnen gefordert hat.

Aber nehmen Sie sich ein Herz. An seinem Gefühlsleben zu arbeiten ist manchmal unangenehm, aber es lohnt sich auch und macht manchmal sogar Spaß. – Es wird sich auszahlen! Sie werden beginnen, sich besser zu fühlen. Ständige Frühlingsgefühle werden sich einstellen, die Sie durch den Tag tragen werden. Das Rasseln des Weckers am frühen Morgen werden Sie nicht mehr hassen. Sie werden auch keine Lust mehr haben, sich die Nächte mit dummen Fernsehserien um die Ohren zu schlagen, wenn Sie eigentlich schlafen sollten.

Aber denken Sie daran, wenn Sie das Erfolgsrezept kennen und wissen, wie Gottes Antwort auf die Einsamkeit aussieht, dann haben Sie den Kampf damit noch nicht gewonnen. Die Theorie muß in die Praxis umgesetzt werden. Überlegen Sie sich also jetzt, bevor Sie weiterlesen, ob Sie bereit sind, den Preis zu zahlen. Wenn nicht, dann hören Sie an dieser Stelle mit dem Lesen auf und legen das Buch weg.

Abhängigkeit

Mit elf Jahren war ich im Sommer 1935 gemeinsam mit Verwandten in Grand Rapids, im Staat Michigan in Urlaub. Eines

Tages gingen mein Cousin Alex und ich die Straße entlang. Er hatte für seine Mutter Lebensmittel eingekauft. Plötzlich hielt neben uns ein Wagen mit drei fetten Kerlen. Sie drehten das Fenster herunter und pöbelten los: „Hey, du und dein dämlicher Cousin! Haut ab, bevor wir euch zur Schnecke machen!"

Ich zuckte zusammen. Aus schlechten Erfahrungen in der Schule wußte ich, daß uns jetzt Prügel drohten. Aber plötzlich fiel mir ein, daß mein Cousin Alex ein sehr guter Ringkämpfer war. Er hatte Muskeln wie Kanonenkugeln und einen Brustkorb wie ein Panzer.

Ich reckte mich und sagte: „Alex, die läßt du doch wohl nicht so einfach laufen, oder?"

Aber Alex sah einfach nur geradeaus und lief langsam weiter. „John, du weißt doch, was die Bibel sagt: Wenn dir einer auf die rechte Wange schlägt, dann halte ihm auch noch die andere hin."

Ich war verblüfft, daß Alex so fromm war, hatte ich vorher nie bemerkt. Also hielt ich den Mund, und Alex ignorierte die Herausforderung einfach. Dann kamen wir zu Hause an. In dem Moment, als wir das Gartentor erreichten, gab mir Alex die Einkaufstasche. „John, gib das Mama. Ich habe noch etwas vergessen. Sag ihr, daß ich in ein paar Minuten zurück bin."

Ich wußte, was er vergessen hatte. Den Einkauf legte ich vorsichtig an der Tür ab und folgte Alex die Straße hinunter zu einer Eisdiele, wo sich die jungen Leute trafen. Er vermutete, daß er sie dort finden würde. Sie waren tatsächlich da.

Ich kam gerade rechtzeitig dazu und versteckte mich im Schatten zwischen zwei Häusern. Die drei Kerle waren aus ihrem Wagen ausgestiegen. Alex nahm sich zuerst den stärksten vor und schlug ihn fast K.o. Den zweiten schaltete er mit einem Schlag aus und der dritte suchte sein Heil in der Flucht. Ich lächelte, rieb mir die Hände und dachte: „Noch jemand?"

Wenn wir heute daran zurückdenken, würde weder Alex noch ich daran denken, dafür um Vergebung zu bitten. Bei dieser Geschichte geht es mir auch weniger um die Frage der Vergeltung als darum, herauszustellen, wie anders ich mich verhalten habe, weil Alex bei mir war. Seine pure Anwesenheit hat aus einem hilflosen Wurm einen selbstbewußten jungen Mann gemacht. Alex war mein Retter, mein Beschützer, und sein Mut hatte mich mutig gemacht.

Einsamkeit kann ein ebenso furchteinflößendes Problem sein wie die bulligen Kerle in ihrem Wagen, als ich ein junger Mann war. Aber Sie stehen Ihrem Problem nicht allein gegenüber. Ich habe bereits erwähnt, daß Gott in der Person des Heiligen Geistes bei Ihnen ist. Er kann gegen Ihre Einsamkeit angehen und Ihnen ein gutes Gefühl geben, ebenso wie Alex es mir vermittelt hat. Würden Sie sich einsam fühlen, wenn Jesus jetzt sichtbar neben Ihnen stünde? – Natürlich nicht. Sie haben sogar etwas noch Besseres, weil der Tröster, den Jesus zu schicken uns in Johannes 16 versprochen hat, nicht nur bei uns ist, sondern sogar in uns lebt. Deshalb hat Jesus gesagt: „Es ist gut für euch (es ist ein Vorteil), wenn ich weggehe." – Warum ist es ein Vorteil? – „Denn wenn ich nicht weggehe, kommt der Tröster nicht zu euch." (Johannes 16,7).

Jesus hat gesagt, daß die Gegenwart Gottes im Heiligen Geist für seine Jünger nützlicher ist als seine eigene Gegenwart im menschlichen Körper. Damals konnten sie kaum verstehen, was Jesus ihnen sagte, aber bald schon mußten sie erkennen, daß er recht hatte.

Paulus schrieb den Römern: „Der Geist hilft unserer Schwachheit auf." (Römer 8,26). Dies bedeutet auch, daß er uns hilft, mit unserer Einsamkeit umzugehen. Das Wort „aufhelfen" hat auch die Bedeutung von „mit anpacken". Wie ein Mann, der einem anderen hilft, eine schwere Last zu heben. Der Heilige Geist nimmt uns jedoch nicht die ganze Last ab, wir müssen trotz allem Disziplin lernen und unsere ganzen Kräfte einsetzen. – Aber er wird uns beistehen! Er wird uns Kraft geben, und er versichert uns, daß wir keine Last tragen müssen, die zu schwer für uns ist. (vgl.1.Korinther 10,13).

Man muß keine besondere Ausbildung haben, um die Kraft des Heiligen Geistes in Anspruch nehmen zu können. Wenn Sie einsam sind und Gott um Hilfe gebeten haben, dann steht Ihnen für Ihr Problem dieselbe Kraft zur Verfügung, die Jesus von den Toten auferweckt hat. Paulus nennt das seine überschwenglich große Kraft, die an uns, die wir glauben, wirksam wird (vgl. Epheser 1,19). Versuchen Sie sich vorzustellen, wie die Einsamkeit zur Kraft der Auferstehung paßt. – Unmöglich!

Ich möchte Sie warnen, mit der Kraft Gottes ist nicht zu spaßen. Einsamkeit ist das genaue Gegenteil von dem, was der Heilige Geist mit Ihrem Leben vorhat. Die Frucht des Geistes ist Liebe, Freude und Friede. Die Einsamkeit aber zerstört die Liebe, nimmt die Freude und stört den Frieden. Sie ist ein selbstzerstörerisches Um-sich-selbst-Drehen, das Ihnen selbst und den Menschen um Sie herum den Segen Gottes raubt. Wer sich bewußt auf diese Schwäche einläßt, macht damit aus dem Schmerz der Einsamkeit eine Sünde. Versuchen Sie deshalb ernsthaft, die Kraft des Heiligen Geistes Tag für Tag in Anspruch zu nehmen. Sie müssen nicht perfekt sein – kein Mensch ist vollkommen –, aber Sie sollten fest entschlossen sein, den Kampf aufzunehmen.

Hilfe bekommen

Wer der göttlichen Hilfe vertraut, der hat verständlicherweise ein Problem: Man kann Gott nicht sehen. So gesehen ist es ein Nachteil, daß Jesus gegangen ist. Was sollen wir also tun, wenn wir versucht sind, der Einsamkeit nachzugeben und kein sichtbares Anzeichen dafür haben, daß der Heilige Geist bei uns ist?

Die Antwort ist: Wir müssen Glauben haben. Glaube ist der Beweis für das, was wir nicht sehen. Er öffnet die Tür für Gottes befreiendes Handeln. Dort, wo Unglaube ist, handelt Gott nicht.

In Kapernaum konnte Jesus nur wenige Wunder tun, weil die Menschen dort nicht glaubten. Ebensowenig kann der Heilige Geist in Ihrem Leben wirken, wenn Sie nicht darauf vertrauen, daß er es kann und will. Um Gefühle geht es dabei nicht. Sie müssen Gottes Gegenwart nicht „fühlen“, das tun nur wenige Menschen. Nehmen Sie Gott einfach beim Wort, wenn er sagt, daß er Ihnen helfen möchte. Denn wenn er es sagt, dann ist es auch so!

Sie fragen: „Wie bekomme ich diesen Glauben?“

▷ Seien Sie nicht halbherzig. Überlassen Sie Gott in allen Bereichen Ihres Lebens die Herrschaft. Zu jedem Raum in Ihrem Herzen muß er den Schlüssel haben. Wenn Sie ihm diese Schlüssel nicht anvertrauen, dann werden Sie auch nicht glauben können.

▷ Vertrauen Sie dem, der Ihnen Gutes tun will. Sie glauben, daß Gott Sie errettet hat, und Sie glauben Ihren Freunden und Kollegen. Warum fällt es Ihnen dann so schwer, zu glauben, wenn Gott Ihnen zusagt, daß er immer bei Ihnen ist? Ist er nicht absolut vertrauenswürdig? Der Glaube wird nur wirksam, wenn Sie das, was Sie glauben, auch für wahr halten. Sie glauben, daß Gott und der Heilige Geist Ihnen beistehen? – Dann handeln Sie danach.

▷ Leben Sie mit der Bibel. „So kommt der Glaube aus der Predigt, das Predigen aber durch das Wort Christi.“ (Römer 10,17). Die Heilige Schrift ist das beste Mittel, um Glauben zu wecken –, lesen Sie darin. Auch wenn Sie zweifeln, lesen Sie weiter. Wenn Sie lesen, dann sagen Sie zu sich selbst: „Das ist für mich. Gott liebt mich. Er kann nicht lügen. Er möchte mir das geben, was ich brauche. Einsamkeit macht ihn traurig. Er möchte mir helfen. Der Heilige Geist hat dieses Buch geschrieben; er lebt in meinem Herzen, und er will durch dieses Buch zu mir reden.“

▷ Schreiben Sie Tagebuch. Mir ist es wichtig, am Ende des Tages über das nachzudenken, was Gott an mir getan hat, denn es erstaunt mich immer wieder. Wenn ich ins Bett falle und mir nur mein Versagen vor Augen steht, so daß ich keinen Blick habe für das, was Gott an diesem Tag an mir getan hat, dann fange ich an zu denken: „Mensch, das Leben als Christ ist ganz schön anstrengend.“ Denken Sie darüber nach, was Gott für Sie getan hat, das wird Ihren Glauben stärken.

Denken Sie daran, daß Sie durch den Glauben Zugang zur Kraft des Heiligen Geistes haben. Sie brauchen die Abhängigkeit von dieser Kraft, vereint mit einer starken Selbstdisziplin, um die Einsamkeit zu besiegen. Wenn Sie diese beiden grundlegenden Prinzipien akzeptieren und in Ihrem Kampf gegen die Einsamkeit voll umsetzen, werden Sie Erfolg haben.

Zweiter Teil:

Kommen Sie mit Gott ins reine

Danke sagen

Vor 50 Jahren hat mein Vater einmal angekündigt, daß er an den nächsten zehn Sonntagen über eine Themenreihe predigen will. Nur eines der Themen habe ich mir gemerkt, es hieß: „Die schlimmste Sünde".

Was könnte das sein? Einige Wochen lang zerbrach sich die Gemeinde den Kopf darüber. Die einen meinten, es gehe um den Unglauben. Die anderen glaubten, er wolle über die Sünde wider den Heiligen Geist predigen. Wieder andere waren der Meinung, Selbstmord sei das Thema.

Aber sie alle lagen falsch. Als der Tag kam, an dem mein Vater über die schlimmste Sünde predigen wollte, da stand er auf der Kanzel, kniff die Augen zusammen und kündigte das Thema an: Undankbarkeit. – Undankbarkeit? Ja, sagte er, weil das in den meisten Fällen die Ursache der Sünde sei. Er erklärte, warum Undankbarkeit die Ursache für die Rebellion von Adam und Eva gewesen war. Wären sie dankbar gewesen für das, was Gott ihnen Gutes getan hatte, dann wären sie nie auf den Gedanken gekommen, gegen ihren Wohltäter zu rebellieren.

Vater präsentierte einen Beweis nach dem anderen. Besonders erinnere ich mich an eine Stelle aus dem Römerbrief, die er zitierte. Paulus schrieb: „Denn obwohl sie von Gott wußten, haben sie ihn nicht als Gott gepriesen, noch ihm gedankt, sondern sind dem Nichtigen verfallen in ihren Gedanken, und ihr unverständiges Herz ist verfinstert. Da sie sich für Weise hielten, sind sie zu Narren geworden." (Römer 1,21.22).

„Haben sie ihn nicht als Gott gepriesen" – als er diese Worte las, ging ein Frösteln durch die Gemeinde. Alte und Junge sahen plötzlich die schrecklichen Folgen der Undankbarkeit.

Vater hatte völlig recht, in der Undankbarkeit ist die Ablehnung Gottes durch den Menschen zusammengefaßt. Deshalb ist sie die Ursache für alle Arten von Gottlosigkeit. Sie ist es auch, die den Menschen geistlich einsam macht, ihn von der Liebe Gottes fernhält.

Die Undankbarkeit treibt einen Keil zwischen Mensch und Gott, Dankbarkeit dagegen bringt ihn näher zu seinem Schöpfer. Deshalb ist es kaum überraschend, daß Dankbarkeit eines der wesentlichsten Merkmale eines geisterfüllten Lebens ist. Sehen Sie sich das Leben Jesu an und achten Sie darauf, wie oft er „Danke" gesagt hat. Lesen Sie einige der Briefe in der Bibel und sehen Sie, wie Paulus sich das göttliche Gebot, dankbar zu sein, zu eigen gemacht hat. „Seid dankbar in allen Dingen", schreibt er an die Thessalonicher, „denn das ist der Wille Gottes in Christus Jesus an euch." (1.Thessalonicher 5,18). Den Kolossern schrieb er: „Und alles, was ihr tut mit Worten oder mit Werken, das tut alles im Namen des Herrn Jesus und dankt Gott, dem Vater, durch ihn." (Kolosser 3,17).

Wer es sich angewöhnt, dankbar zu sein, der ist auf dem besten Weg, mit Gott ins reine zu kommen. Wer dankbar ist, der hat nicht mehr nur sich selbst im Blick, sondern er richtet seine Aufmerksamkeit auf Gott. Man fühlt sich eins mit dem, dem man dankbar ist, und man zeigt, daß man ihn respektiert. Man muß keine besondere Technik beherrschen – im Gegenteil, nichts könnte einfacher sein. Auch Gründe, dankbar zu sein, gibt es mehr als genug. Ein Lächeln oder ein Sonnenstrahl zum Beispiel können Sie dankbar machen. Wenn Sie erst einmal damit begonnen haben, Danke zu sagen, wird das Gefühl der Einsamkeit und Abgeschiedenheit nach und nach verschwinden.

Natürlich besteht das Leben nicht immer nur aus Sonnenschein. Aber mit ein bißchen Übung lernen Sie, in guten wie in schlechten Zeiten dankbar zu sein. Lesen Sie die Psalmen. Die Psalmisten wußten, was Leid ist. Psalm 35 beginnt mit der Bitte Davids, daß Gott ihn vor seinen Feinden schützt:

„Denn ohne Grund haben sie mir ihr Netz gestellt, ohne Grund mir eine Grube gegraben." (Psalm 35,7).

Schon wenige Verse weiter dankt er Gott, und aus Vorwürfen wird Freude über den Sieg Gottes:

„Ich will dir danken in großer Gemeinde; unter vielem Volk will ich dich rühmen ... Und meine Zunge soll reden von deiner Gerechtigkeit und dich täglich preisen." (Psalm 35,18.28).

Die Dankbarkeit untergräbt negative Gedanken; Pessimismus, Angst, Einsamkeit und Traurigkeit können vor ihr nicht bestehen. Der Grund dafür ist, daß die Dankbarkeit uns nicht nur mit Gott ins reine bringt, sondern auch auf uns selbst zurückfällt und uns unsere Probleme in einem anderen Licht zeigt. Wie Paulus geschrieben hat, haben wir vieles, wofür wir dankbar sein können, weil wir alles im Überfluß haben. Das ist die Wahrheit. Auch, wenn Sie der einsamste Christ auf der ganzen Welt sind, haben Sie alles im Überfluß, das heißt, Frieden, Freude und Erfüllung.

Heißt das, daß es unehrlich wäre, dankbar zu sein, wenn man sich einsam fühlt? Die Antwort ist „Nein", und ich werde erklären, warum:

Erstens: Die Gaben Gottes – Friede, Freude und so weiter – haben Sie bereits empfangen, auch wenn Sie davon keinen Gebrauch machen. Zweitens hilft Ihnen die Dankbarkeit, diese Gaben Gottes in Anspruch zu nehmen.

Ich nenne das den „Smith-Effekt".

Der Smith-Effekt

In meiner ersten kleinen Gemeinde, die ich als Pastor betreute, hatte ich mir angewöhnt, die Gottesdienstbesucher mit einem Händedruck an der Tür zu verabschieden. Dabei war mir eine Frau aufgefallen, die beim Hinausgehen immer einen leidenden Gesichtsausdruck hatte. Sie sah wirklich schlecht aus. Ihr Gesicht machte den Eindruck, als würde sie nur auf das nächste Unglück warten.

„Wie geht es Ihnen heute, Frau Smith?" fragte ich sie für gewöhnlich.

„Ziemlich schlecht, Herr Pastor. Bitte beten Sie für mich", antwortete sie dann.

Ich bin sehr empfänglich für die Stimmungen anderer Menschen. Wenn ich mich nicht vorsehe, fühle ich mich auf einmal genauso wie sie. Deshalb fühlte ich mich jedesmal nach diesen kurzen Gesprächen an der Kirchentür mit Frau Smith furchtbar schlecht.

Eines Tages sagte ich zu meiner Frau: „Ich glaube, Frau Smith ist die häßlichste Frau, die ich je gesehen habe."

„Unsinn", antwortete meine Frau. „Warum denn? Eigentlich ist sie eine wunderschöne Frau."

„Wenn das stimmt, dann ist ihre Schönheit so verborgen, daß ich sie einfach nicht sehen kann."

„Warum besuchst du sie nicht einmal? Vielleicht hat sie wirklich ernsthafte Probleme."

Also besuchte ich sie. Ich habe schon viele Wohnungen gesehen, und ich erwarte bestimmt nicht, daß es in jedem Haus so ordentlich aussieht wie in einem Museum. Aber das Wohnzimmer von Frau Smith hat mich wirklich umgehauen, überall lagen Kleider verstreut. Ich ging nach Hause zurück und sagte meiner Frau, daß die Wohnung von Frau Smith mindestens genauso schlimm aussah wie ihr Gesicht.

Mit der Zeit wurde Frau Smith mehr und mehr zu einem Problem für mich. Ich wußte, daß meine Haltung falsch war, und ich fühlte mich schuldig, weil ich wußte, daß Gott das nicht gefiel. Irgend etwas mußte getan werden, die Frage war nur: Was?

Eines Morgens auf dem Weg zur Kirche muß meine Frau wohl gemerkt haben, daß ich in Gedanken ganz woanders war. Sie sprach mich an: „John Edmund Haggai ..." Ich wußte, wenn sie mich so nannte, dann war Ärger im Anmarsch. Ich hob eine Augenbraue.

„ ... Ich weiß nicht, was dir gerade durch den Kopf geht, aber du hast irgend etwas Schlechtes vor. Ich werde dafür beten, daß du es nicht tun wirst."

„Zu spät", antwortete ich ihr. „Ich habe zwei Wochen lang darüber gebetet. Ich habe einen Vorsprung."

Als Frau Smith an diesem Morgen aus der Kirche kam, war ich bereit. Ich reckte mich, setzte mein schönstes Zahnpasta-Lächeln auf, nahm ihre Hand, drückte sie fest und sagte zu ihr: „Frau Smith! Sie sehen heute viel besser aus. Es geht Ihnen bestimmt gut!"

Gott möge mir verzeihen – eigentlich war es keine richtige Lüge, eher so etwas wie eine Glaubensaussage. Ein Glaube, der Hoffnung ausdrückt und der auf etwas hinweist, das man nicht sehen kann.

Frau Smith riß die Augen auf. Einen Moment lang schien sie verblüfft, aber dann begann sich ein Lächeln auf ihrem Gesicht zu zeigen, und sie antwortete: „Danke, Herr Pastor. Ich glaube, es geht mir auch ein kleines bißchen besser."

Daraufhin ließ ich ihre Hand los, und sie ging nach Hause. Innerhalb weniger Wochen fühlte sie sich nicht nur merklich besser, sondern sie sah auch besser aus.

Ich würde fast sagen, wenn der Smith-Effekt bei Frau Smith solche Wirkung erzielen konnte, dann kann er auch jeden anderen Menschen verändern. Ich kenne viele Menschen, denen das geholfen hat. Eine ist Aletha Bergman, eine 83jährige Witwe, die in einer kleinen Stadt im Staat Georgia lebt. In ihrer Jugend war sie eine der erfolgreichsten Frauen in einer verantwortlichen Position ihrer Gemeinde. Sie war maßgeblich am Aufbau einer Baptistengemeinde beteiligt, die von ein paar Hundert Mitgliedern auf 9.000 angewachsen ist.

Ich habe Aletha Bergman besucht. Sie sagte mir offen, daß ihre Gesundheit so schlecht sei, daß sie jeden Augenblick sterben könnte. Trotzdem sah ich nicht das kleinste Anzeichen dafür, daß sie einsam war. Sie verging nicht vor Sehnsucht nach der Vergangenheit, und sie beklagte sich auch nicht über die Gegenwart. Wie sie sich kleidete, wie sie ihre Wohnung hergerichtet hatte, ihre aufgeweckte Art zu erzählen, das alles zeigte, daß Einsamkeit für sie ein Fremdwort war. Ich weiß nicht, ob sie selbst gemerkt hat, wie oft sie von Dankbarkeit gesprochen hat, als wir uns unterhielten. Mir ist es aufgefallen.

Auch aus ihren Briefen war die Dankbarkeit herauszulesen. Sie hat mir oft geschrieben, und immer wieder hat sie mir versichert, daß sie für meine Arbeit betet. Einige dieser Briefe habe ich aufgehoben. Sie würden wohl bei einer Versteigerung keinen hohen Preis erzielen, aber für mich sind sie unbezahlbar. Immer wenn ein Brief von Aletha im Büro ankam, wollten ihn alle meine Mitarbeiter lesen. Vor einiger Zeit habe ich folgenden Brief bekommen:

„Mein lieber John Haggai,
wie aufregend ist es doch, daß unser himmlischer Vater, der alle Dinge im voraus weiß, Dir auf Dein jugendliches Herz gelegt hat, daß Du Deinen Glauben zu den Menschen bringen sollst. Hier hat er den fruchtbaren Boden der Hingabe gefunden, und so hat er Dir die ganze Welt als Missionsfeld gegeben. Genauso wunderbar ist es, daß ein klein wenig von diesem Glanz in das Herz und in das Leben einer einfachen Frau kam, die einen bescheidenen Platz suchte, wo sie Gott dienen konnte, um damit ihre Liebe zu ihm ausdrücken zu können. Ich schreibe Dir aus dem Krankenhaus. Ich liege hier, mein Körper ist müde und mein Konto ist leer, aber ich bete immer noch jeden Tag für Dich und Deine Mitarbeiter. Es dauert noch eine Weile, bis ich bei unserem Vater im Himmel bin, und ich kann ihn immer noch den ganzen Tag lang loben.
Gott segne Dich.
Aletha Bergman. In Gottes Liebe verbunden."

Wie Danke sagen zur Gewohnheit wird

Es ist klar, warum der Smith-Effekt bei Aletha Bergman funktioniert hat. Sie hatte es sich angewöhnt, Danke zu sagen. Sich das anzugewöhnen ist leicht und schwierig zugleich. Der Mensch neigt von Natur aus dazu, undankbar zu sein. Sieht man sich die Geschichte an, dann stellt man fest: Je besser es den Menschen geht, desto undankbarer werden sie.

In Jeremia 2 beklagt sich der Prophet über die Undankbarkeit des Volkes Israel, das, obwohl es die Früchte des Heiligen Landes genossen hat, das Land unrein gemacht hat, so daß

Gottes Eigentum ihm zum Greuel wurde (Jeremia 2,7). Gerade als König Usia am Höhepunkt seiner Macht angekommen war, „überhob sich sein Herz zu seinem Verderben; denn er verging sich gegen den Herrn, seinen Gott“ (2.Chronik 26,16).

Die Menschen ändern sich kaum. Heute ist das auch nicht anders, und wenn wir ehrlich sind, müssen wir zugeben, daß wir es bei uns selber sehen. Wir lieben es, uns zu beklagen, weil es uns das Mitgefühl der anderen einbringt. Wie Frau Smith, so lieben auch wir es, wenn andere ein gutes Wort für uns haben. Wir sind sogar bereit, mit ein bißchen echter Unzufriedenheit dafür zu bezahlen.

Aber wieviel besser wäre es, wenn wir auf diese Sympathie gar nicht angewiesen wären, weil wir das, was wir brauchen, von woanders bekämen. Jakobus schreibt: „Alle gute Gabe und alle vollkommene Gabe kommt von Oben herab, von dem Vater des Lichts, bei dem keine Veränderung ist noch Wechsel des Lichts und der Finsternis.“ (Jakobus 1,17).

Wir sind nicht auf andere Menschen angewiesen, um glücklich zu sein. Unser Glück ist auch nicht von uns selbst abhängig. Unsere Kraft kommt nicht aus den Tiefen des Menschseins – wie es die Humanisten behaupten. Unsere Kraft ist Christus: „In ihm wohnt die ganze Fülle der Gottheit leibhaftig.“ (Kolosser 2,9). Er gibt uns alles, was wir brauchen, auch die Antwort auf die Einsamkeit.

Darüber hinaus sagt uns die Bibel auch, daß es einen Zusammenhang gibt zwischen unserer Dankbarkeit und dem Gebet, das erhört wird: „Sorgt euch um nichts, sondern in allen Dingen laßt eure Bitten in Gebet und Flehen mit Danksagung vor Gott kundwerden!“ (Philipper 4,6). „So ermahne ich nun, daß man vor allen Dingen tue Bitte, Gebet, Fürbitte und Danksagung für alle Menschen.“ (1.Timotheus 2,1). Wer zurückblickt und Gott Danke sagt für das, was er getan hat, der wird reich gesegnet werden.

Vor einigen Jahren war ich bei einer christlichen Konferenz. Zwei vier Jahre alte Zwillinge bekamen von der Leiterin der Konferenz ein Geschenk: Sie gab jedem der Mädchen einen Zeichenblock. Kurz danach wurden die beiden getrennt. Als sie sich wieder trafen, bemerkte die eine, daß ihre Schwester einen wunderschönen Stift hatte.

„Wo hast du diesen Stift her?“ fragte sie.

Die andere antwortete: „Ich bin zu der Frau zurückgegangen und habe mich für den Zeichenblock bedankt, und da hat sie mir diesen Stift geschenkt.“

„Dann werde ich mich auch für meinen Block bei ihr bedanken.“

Vielleicht müssen Sie jetzt lächeln, aber in dieser kleinen Begebenheit liegt eine tiefe Wahrheit verborgen. Gott kann uns mehr segnen, wenn wir zu ihm zurückgehen und ihm Danke sagen für das, was er uns schon geschenkt hat.

Ich hoffe, das reicht, um Ihnen zu zeigen, wie erfolgversprechend es ist, wenn man sich darauf einläßt, Danke zu sagen. Erstens verändert es wie beim „Smith-Effekt“ unsere Einstellung gegenüber erfreulichen und weniger erfreulichen Dingen. Zweitens bringt es uns Segen, wenn die Dankbarkeit zu einem festen Bestandteil unseres Gebetslebens wird. Der Ehrlichkeit halber muß ich hinzufügen, daß die Undankbarkeit nicht nur dazu führt, daß ich mich schlecht fühle, auch meine Beziehung zu Gott wird dadurch empfindlich gestört. Wenn Sie undankbar sind, heißt das nichts anderes als: „Ich bin zwar Christ, aber ich habe nichts davon.“

Wollen Sie wirklich ein solcher Christ sein? Sicher spüren Sie keine Dankbarkeit, wenn Sie sich einsam fühlen. Aber denken Sie daran: Es geht um Tatsachen, nicht um Gefühle. Tatsache ist, daß Christus bei Ihnen ist. Das heißt, daß Sie Grund genug haben, dankbar zu sein, auch wenn Sie sich einsam fühlen. Gewöhnen Sie es sich einfach an, dankbar zu sein. Wer Gott im Namen Jesu Danke sagt, der verscheucht die Einsamkeit und läßt Gottes Kraft in sein Leben hinein.

Sie wissen nicht, wo Sie anfangen sollen? Vielleicht helfen Ihnen ein paar praktische Tips weiter:

▷ Sehen Sie sich mit anderen Augen! Schreiben Sie sich genau auf, wie Sie sich selbst beschreiben würden, und denken Sie darüber nach. Dann beschreiben Sie sich noch einmal. Diesmal aber nicht so, wie Sie sind, sondern so, wie Sie gerne vor Gott sein wollen: Ein neues Ich, das sein eigenes Leben dankbar betrachtet, und ein Ich, das Gott lobt und ihn ehrt. Gewöhnen Sie sich an dieses neue Ich, und halten Sie sich dieses Bild ständig vor Augen.

▷ Tauschen Sie die Gedanken der Einsamkeit gegen Dankbarkeit aus. Sie werden die Einsamkeit nicht loswerden, wenn Sie sich einfach nur einzureden versuchen: „Ich bin nicht einsam." Negative Gedanken kann man sich nicht einfach ausreden, man muß sie durch etwas anderes ersetzen. Hinterlassen diese Gedanken eine Leere, dann sind sie schnell wieder da.
Steigt das Gefühl der Einsamkeit wieder in Ihnen auf, dann bekämpfen Sie es einfach, indem Sie Gott Danke sagen. Wenn Sie möchten, nehmen Sie sich einfach ein paarmal am Tag fünf Minuten Zeit, um über das nachzudenken, was passiert ist. – Danken Sie Gott dafür. Als letztes nehmen Sie sich am Ende des Tages vor, alles Revue passieren zu lassen, was geschehen ist, und danken Sie Gott für die Erfahrungen, die Sie gemacht haben. Vielleicht hilft es Ihnen, wenn Sie für eine Weile Tagebuch schreiben. Wenn Sie das tun, dann beginnen Sie mit einfachen Dingen, wie zum Beispiel mit einem guten Essen oder einem freundlichen Wort. Am wichtigsten ist, daß schlechte Erfahrungen Ihnen keine Angst einjagen. Ich garantiere Ihnen, daß es nichts Schlechtes gibt, das nicht auch etwas Gutes in sich trägt. Wenn Sie das Gefühl haben, daß Sie am Rande einer Katastrophe stehen, danken Sie Gott dafür, daß er diese Gelegenheit nutzt, um Sie auf die Knie zu bringen und ihm noch mehr zu vertrauen.

▷ Drücken Sie Ihre Dankbarkeit aus. Es ist gut, wenn Dankbarkeit Ihr Denken bestimmt. Noch besser ist es, wenn Sie sich auch durch das ausdrückt, was Sie sagen. Suchen Sie nach optimistischen, fröhlichen Worten. Wenn jemand Sie fragt, wie Sie sich fühlen, sagen Sie nicht: „Es geht." Sagen

Sie einfach: „Toll, danke!" Hören Sie auf zu nörgeln. Stellen Sie sich vor, wie das ist, wenn man jemandem zuhören muß, der nur negative Gedanken hat: „Ich schaffe nicht, was von mir erwartet wird. Ich kann nicht mehr, ich klappe bald zusammen." Das klingt nicht sehr fröhlich, oder? Würzen Sie das ganze doch einfach mit ein bißchen Dankbarkeit: „Gott hat mir so viele tolle Gelegenheiten geschenkt. Er zeigt mir, wie ich meine Prioritäten zu setzen habe und wie ich am besten mit meinen Kräften umgehe. Das ist so eine tolle Erfahrung!"

Das sollen nicht nur schöne Worte bleiben. Ihr ganzes Leben soll von dieser Dankbarkeit bestimmt sein. Stellen Sie sich immer wieder die Frage: „Wenn ich mich nicht einsam fühlen würde, wie würde ich mich dann verhalten, was würde ich dann sagen?"

Denken Sie über dieses neue „Ich" nach und überlegen Sie, wie Sie so werden können, wie Gott Sie sich vorgestellt hat. Dann danken Sie ihm gleich dafür, daß Sie sich zu diesem neuen Ich hinentwickeln. Machen Sie sich bewußt, daß wenn Sie Danke sagen, Sie dann auch dankbar werden. Nicht nur das, es ist erwiesen, daß es die Lebenseinstellung ist, die einen Menschen anziehend macht. Wenn Sie dankbar sind, werden Sie immer wieder in Situationen kommen, wo Sie zur Dankbarkeit ermutigt werden. Andere Menschen werden positiv auf Sie reagieren. Sie werden es Ihnen leichter machen, dankbar zu sein.

▷ Lassen Sie Ihren Glauben wachsen. Denken Sie daran, wenn Sie sich in Dankbarkeit üben, dann leben Sie das, was Sie glauben. Der Glaube ist wie ein Muskel, je mehr Sie ihn einsetzen, desto stärker wird er. Und je stärker Ihr Glaube ist, desto selbstverständlicher wird es für Sie sein, Gott die Ehre zu geben, indem Sie ihm Danke sagen.

Probieren Sie es!

In diesem Kapitel habe ich zu zeigen versucht, daß die Einsamkeit keine Chance hat, wenn ein Mensch mit Gott ins reine kommt, indem er sich angewöhnt, dankbar zu sein. Das ist nur ein erster Schritt, aber ich denke, Sie werden merken, daß es schon positive Ergebnisse zur Folge hat. Sind Sie bereit, das in die Praxis umzusetzen? Wenn ja, dann nehmen Sie am besten einen Stift, lesen das Kapitel noch einmal durch und schreiben auf, was Sie in Ihrem Leben anders machen können. Dann probieren Sie es drei Wochen lang aus. Halten Sie sich daran, und nach 21 Tagen werden Sie Veränderungen bemerken. Sie werden zuerst feststellen, daß das Problem der Einsamkeit immer kleiner wird, und dann werden sich Ihre Beziehungen zu anderen Menschen deutlich verbessern.

Aber warten Sie nicht drei Wochen, bis Sie das nächste Kapitel lesen!

Mit Gott allein sein

Psalm 91 beginnt mit den Worten: „Wer unter dem Schirm des Höchsten sitzt und unter dem Schatten des Allmächtigen bleibt ... “ (Psalm 91,1).

Es ist ein Psalm, den einsame Menschen lesen sollten, denn was hier steht, tut ihnen gut. Niemandem, der unter dem Schatten des Allmächtigen bleibt, wird es schwerfallen, den Schatten der Einsamkeit hinter sich zu lassen. Wo Gott ist, da ist Befreiung von dem „Strick des Jägers und von der verderblichen Pest“. Wie ein starker Adler breitet Gott seine Flügel aus, um die zu schützen, die ihm vertrauen, so daß sie sich nicht mehr „vor dem Grauen der Nacht, vor den Pfeilen die des Tages fliegen“ fürchten müssen.

Im Schatten des Allmächtigen zu bleiben, heißt: Er wird unser Schutz. Die Abgeschiedenheit, vor der sich viele Menschen fürchten, muß keine völlige Abgeschiedenheit mehr sein, weil Gott auch dort bei uns ist. Gottes Verheißungen verwandeln sich dann in sprudelnde Bäche, die wüstes Land in fruchtbaren Ackerboden verwandeln und aus einer unerträglichen Stille die erholsame Ruhe vor Gott machen.

Fürchten Sie sich vor der Abgeschiedenheit? Wenn ja, dann ändern Sie jetzt schnellstens Ihre Meinung. Abgeschiedenheit ist kein Schmerz, sondern sie ist eine Quelle, eine Gelegenheit, von Gott die Kraft zu bekommen, die nur er geben kann. Wie die Bibel sagt: „Die auf den Herrn harren, kriegen neue Kraft, daß sie auffahren mit Flügeln wie Adler, daß sie laufen und nicht matt werden, daß sie wandeln und nicht müde werden.“ (Jesaja 40,31).

Gottes Stimme in unserer lärmerfüllten Welt zu hören ist nicht gerade einfach. Lärmende Menschen, das Dauerfeuer der Medien und die klugen Worte der Therapeuten übertönen alles andere. Er spricht in leisen Tönen, so, wie er mit Elia in der Höhle am Berg Horeb gesprochen hat. Wer ihn hören will, der muß die Abgeschiedenheit suchen. Oft genug lesen wir in den Evangelien davon, daß Jesus sich von den anderen abgesetzt hat. Hat er nicht dasselbe auch von seinen Nachfolgern erwartet? Auch im Alten Testament ist die Rede davon, daß der Mann Gottes noch vor dem Morgengrauen aufgestanden ist. Warum? – Um mit Gott allein zu sein.

Ich bin mir sicher, daß zu jedem Sieg auch die Einsamkeit gehört. König David hat gesagt: „Der Herr hört, wenn ich ihn anrufe. Zürnet ihr, so sündiget nicht; redet in euren Herzen auf eurem Lager und seid stille." (Psalm 4,4.5).

Vor einigen Jahren hat mich ein alter Mann kurz vor seinem Tod auf diese Verse hingewiesen. Er sagte zu mir: „Wenn du ein Mann Gottes werden möchtest und Menschen anleiten willst, dann wirst du viel Zeit alleine verbringen müssen." Diesen weisen Rat gebe ich allen einsamen Menschen weiter. Wer siegreich leben will, der muß lernen, sich zurückzuziehen, in der Gegenwart Gottes mit sich selbst alleine zu sein. Es ist ungeheuer wichtig, mit ihm zu reden und zuzuhören, wenn er etwas zu sagen hat.

Sogar ein Nichtchrist, der in einer führenden Position ist, hat betont, wie wichtig für ihn Alleinsein ist: „Entscheidungen, die nach einer längeren Phase der Meditation getroffen wurden, ohne den störenden Einfluß von anderen, sind fast immer zu 100 Prozent richtig."

Diese „störenden Einflüsse" oder die Eigenarten bestimmter Menschen können einen besonders starken Einfluß auf den einsamen Menschen haben. Wenn einen die Einsamkeit erwischt hat, fühlt man sich von den anderen Menschen isoliert, die scheinbar glücklicher leben als man selbst. Deshalb geht man leichtfertig auf Angebote ein, die schnelle Abhilfe versprechen, und solche Angebote gibt es reichlich. Der Platoniker sagt: „Lerne dich selbst kennen!" Der Stoiker sagt: „Reiß dich zusammen!" Der Humanist sagt: „Werde besser!" Der Buddhist sagt: „Vernichte dich selbst!" Der Moslem sagt:

„Unterwerfe dich!“ Der moderne Mensch des Zwanzigsten Jahrhunderts sagt: „Lerne, friedfertig mit andern Völkern zu leben!“

Im Gegensatz dazu sagt Christus: „Ohne mich könnt ihr nichts tun.“ (Johannes 15,5). Nur aus der Gemeinschaft mit ihm heraus sind wir stark genug, die Einsamkeit zu besiegen und auch jede andere Herausforderung zu bestehen. Ohne ihn sind wir hilflos, aber mit ihm ist nichts unmöglich!

Ich sage Ihnen ganz offen, daß ich aus den Psalmen, aus den Aufzeichnungen John Wesleys, aus der Biographie von John Mott, aus dem Leben, das mir mein Vater vorgelebt hat, gelernt habe, daß für das eigene Gefühlsleben, für eine stabile Psyche, für ein kreatives Denken und für die geistige Kraft nichts wichtiger ist, als die Stunden, die man allein mit Gott verbringt. Fürchten Sie sich also nicht vor dem Alleinsein. Lernen Sie diese Zeiten schätzen und erleben Sie, wie gut diese Stunden tun, denn Sie wissen jetzt, daß Sie mit Gott Gemeinschaft haben. Beginnen Sie damit, Ihre stillen Zeiten zu planen.

Was ist Stille Zeit?

Wer mit Gott ins reine kommen möchte, der muß Zeiten der Stille und der Anbetung haben, weil Gott dadurch zu uns Menschen reden kann.

Was für eine Ehe würde das geben, wenn die Eheleute vor dem Tag der Hochzeit nie unter vier Augen miteinander geredet hätten? – Keine besonders gute sollte man annehmen. Menschen brauchen Gemeinschaft, Zeit zum Reden und Zuhören, wenn sie ihre Beziehungen stärken und vertiefen wollen. Genauso ist es mit Gott. Wer die Freundschaft zu ihm vertiefen möchte, der kann nicht darauf verzichten, mit ihm zu reden und ihm zuzuhören, wenn er etwas zu sagen hat. Diese beiden Dinge – Reden und Zuhören – sind die grundlegenden Bausteine einer Stillen Zeit. Zur Vereinfachung nenne ich sie einfach: Gebet und Meditation.

Viele Menschen behaupten, sie haben einfach keine Zeit für stille Zeiten. Wenn Sie zu den „Hohen Tieren" zählen, dann haben Sie bestimmt auch gerade daran gedacht. Aber eine Frage möchte ich Ihnen stellen: Können Sie aufrichtig sagen, daß alles, was Sie den Tag über zu tun haben, wichtiger ist als ein Termin mit Gott? Wenn ja, dann überprüfen Sie am besten noch einmal Ihre Prioritäten. Wenn nicht, dann nehmen Sie Ihren Terminkalender und suchen Sie nach einem freien Platz.

Entschuldigen Sie sich nicht damit, daß Ihr Tag schon völlig verplant ist. Wenn der Präsident der Vereinigten Staaten Sie für den nächsten Tag einladen würde, hätten Sie dann auch keine Zeit? Wenn Sie mit „Ja" geantwortet haben, warum wollen Sie dann Gott keinen Termin in Ihrem Leben einräumen?

Verabredungen mit Gott sind nie Zeitverschwendung. Ich habe herausgefunden, daß meine Zeiten der Stille mir sogar Zeit sparen. Wenn ich am Morgen mit Gott rede, dann weiß ich, daß ein Tag vor mir liegt, den ich mit Gott gemeinsam planen kann.

Für mich ist die Zeit früh am Morgen am besten. Natürlich gibt es da keine ehernen Gesetze. Eine Mutter wartet vielleicht besser, bis die Kinder aus dem Haus sind, und macht dann später am Vormittag ihre Stille Zeit, wenn die Kinder in der Schule sind, und sie Zeit hat, sich zu erholen. Manche Menschen machen ihre Stille Zeit spät am Abend. Wenn ihnen das besser paßt – in Ordnung. Es kommt nicht auf eine bestimmte Zeit oder auf einen bestimmten Ort an, sondern allein darauf, daß Sie sich wirklich auf das Gebet und auf die Meditation in der Gegenwart Gottes einlassen können. Trotzdem halte ich die Zeit früh am Morgen für ideal, weil die Stille Zeit regelmäßig und systematisch gehalten werden sollte, und das fordert Disziplin und Konzentration. Wenn das ganze Haus noch schläft, ist die Gefahr, abgelenkt zu werden, sehr gering.

Eine gute Ergänzung Ihrer Stillen Zeit ist es, wenn Sie auch während des Tages immer wieder kurze Augenblicke der Meditation haben. Verbringen Sie Ihre Kaffeepause mit Gott oder die Mittagspause, oder reden Sie mit ihm, wenn Sie im Wagen unterwegs sind. Wenn Sie sich während des Tages nicht absetzen können, versuchen Sie, an Ihrem Schreibtisch, in der Küche oder im Supermarkt mit Gott alleine zu sein. Diese Begegnungen mit Gott haben nicht unbedingt etwas mit den äußeren Umständen zu tun. Wenn Sie beten, müssen Sie auch keine bestimmte Körperhaltung einnehmen. Zu knien bringt nicht mehr Segen, als wenn man im Sitzen betet; vielleicht finden Sie es gemütlicher, im Sitzen zu beten – warum nicht.

„Aber was soll ich sagen, wenn ich bete?" fragen Sie sich vielleicht.

Ich will Ihnen jetzt keine Aufgabenliste präsentieren. Als die Jünger zu Jesus kamen, sagten sie nicht: „Herr, lehre uns, wie wir beten können." Sie sagten nur: „Herr, lehre uns Beten." Wer beten will, der muß sich keine spezielle Technik aneignen. Gebet ist eine Begegnung mit Gott, die allein durch den Glauben ermöglicht wird.

Jesus antwortete auf die Frage der Jünger: „Darum sollt ihr so beten ... ", und dann sprach er das, was wir heute als das Vaterunser kennen. In diesem Gebet finden wir keinen Hinweis darauf, daß wir eine spezielle Technik erlernen müssen. Es sollte nicht einmal ein Gebet sein, das man auswendig lernen und Sonntag für Sonntag im Gottesdienst aufsagen sollte, wie Christen das heute tun. Eigentlich wollte Jesus durch das Vaterunser zeigen, in welcher Haltung Christen beten sollten. Es sollte so etwas wie ein himmlischer Reiseführer zum Thron Gottes sein.

Ziel des Betens ist es, Gott zu begegnen und den Wunsch in uns zu wecken, ihn noch besser kennenzulernen. Das Gebet des Glaubens hat eine Eigendynamik, es weckt den Wunsch, die Beziehung zu Gott zu vertiefen, sein Wort besser zu verstehen und mehr Zeit mit ihm allein zu verbringen. Diesen tiefen Wunsch nach mehr Gemeinschaft mit Gott hat niemand besser ausgedrückt als eine alte Dame, die noch lange nach dem Ende des Gottesdienstes in der Kirchenbank saß. Als man sie fragte, warum sie noch da sei, wo doch alle anderen schon gegangen seien, da lächelte sie und sagte: „Ich wollte Gott einfach mal in aller Ruhe betrachten."

Sie war in den Genuß einer der Verheißungen gekommen,

die Jesus in der Bergpredigt ausgesprochen hatte: „Selig sind, die da hungert und dürstet nach Gerechtigkeit; denn sie sollen satt werden.“ (Matthäus 5,6).

Meditation – richtig und falsch

Wer heute das Wort „Meditation“ hört, der denkt gleich an östliche Religionen. Die bekannteste ist die Transzendentale Meditation, die die westliche Welt geradezu überschwemmt hat. Es ist viel darüber geschrieben worden. Manche Manager sehen in der Transzendentalen Meditation vom rein finanziellen Standpunkt her eine der größten Entdeckungen im Bereich des Wirtschaftsmanagements seit der industriellen Revolution. Vielen Geschäftsleuten hat die Transzendentale Meditation wirtschaftliche Erfolge gebracht.

Eine Organisation „missioniert“ zur Zeit regelrecht in verschiedenen Ländern Geschäftsleute, mit dem Ziel, sie in die Transzendentale Meditation einzuführen. Sie behaupten, TM steigere die Effektivität und Kreativität, verbessere die Qualität ihrer Arbeit und bringe physische und psychische Vorteile. Einige große Firmen haben diese Versprechungen anscheinend beim Wort genommen und bieten ihren Mitarbeitern sogar Kurse in Transzendentaler Meditation an.

Grundlage der TM ist der Gebrauch des individuellen Mantras, einer Anzahl von Klängen, die jeweils nur einem einzigen Menschen bekannt ist. Das Mantra hat an sich keine Bedeutung, aber wer diese Klänge leise vor sich hinsummt, während sich sein Körper in einem Zustand der Ruhe befindet, der soll dadurch nervöse Störungen bekämpfen, seinen Stoffwechsel verbessern und Streß ausschalten können. Die Vertreter der TM behaupten, daß TM, über einen längeren Zeitraum hin betrieben, eine Steigerung der geistigen Fähigkeiten bewirkt.

Vielleicht stimmen diese Behauptungen, vielleicht auch nicht. Klar ist, daß das, was die TM anbietet, sich stark von dem unterscheidet, was die Bibel unter Meditation versteht. Man kann sogar sagen, daß die Transzendentale Meditation für Christen nicht nur unnütz ist, sondern daß sie auch eine Gefahr birgt. Sie ist das teuflische Abbild der wahren Meditation, in der sich die Kinder Gottes üben können, wenn sie ihr Leben mit Gott gestalten wollen, so wie wir es in der Bibel lesen. Die Transzendentale Meditation als eine „nichtreligiöse" Praktik darzustellen, ist falsch: Die TM ist stark von der Theologie des Buddhismus beeinflußt. Das sieht man schon daran, daß die Götter des Hinduismus bei der Einführungszeremonie der TM, in der der Anfänger sein Mantra erhält, besonders geehrt werden.

Außerdem ist es das Ziel der TM, einen neutralen oder leeren Geisteszustand zu erreichen. Das steht in starkem Gegensatz zur christlichen Meditation, bei der die Aufmerksamkeit nicht auf die Leere gerichtet ist, sondern auf die Person Gottes. Ein Theologe hat es einmal so ausgedrückt: „Man kann die TM mit einem Knüppel vergleichen, der auf einem ruhigen, stillen See dahinschwimmt. Wer dagegen als Christ meditiert, der hat den Eindruck, sein Leben wird zu einem Knüppel, mit dem er gegen einen wütenden, brausenden Wasserfall ankämpft. Mit anderen Worten: Die Meditation tut gut, auch wenn man anschließend wieder in ein hektisches Leben eintaucht."

Echte Meditation strebt nicht nach einem besonderen geistigen Zustand, den man mit einer bestimmten Technik zu erreichen versucht. Wenn Sie meditieren, dann erleben Sie Gottes Gegenwart genauso, wie wenn Sie beten. Im Unterschied dazu sind Sie bei der Meditation allerdings der Empfangende. Vielleicht hören Sie Gottes Stimme nicht, auch, wenn andere das von sich behaupten. Meist spricht er nicht mit einer hörbaren Stimme, sondern indem er tiefe Einsichten und Eindrücke vermittelt, Erinnerungen an seine früheren Heilstaten wachruft oder Ihnen bestimmte Bibelstellen ans Herz legt. Das geschriebene Wort Gottes, die Bibel, hat im Zusammenhang mit der christlichen Meditation immer eine bestimmte Rolle gespielt.

Josua sollte sich in sie vertiefen, um den richtigen Weg zu finden: „Und laß das Buch dieses Gesetzes nicht von deinem

Munde kommen, sondern betrachte es Tag und Nacht, daß du hältst und tust in allen Dingen nach dem, was darin geschrieben steht. Dann wird es dir auf deinen Wegen gelingen, und du wirst es recht ausrichten." (Josua 1,8).

In den Psalmen lesen wir immer wieder, daß die Verfasser über Gottes Wort meditieren:

„Er hat Lust am Gesetz des Herrn und sinnt über seinem Gesetz Tag und Nacht." (Psalm 1,2).

„Dein Wort ist meines Fußes Leuchte und ein Licht auf meinem Wege." (Psalm 119,105).

Manchmal spricht uns Gott beim Meditieren auf ganz spezielle Dinge an. Ich kann mich erinnern, daß ich mich einmal für ein paar Tage von meinem normalen Dienst zurückgezogen hatte, um in Gottes Gegenwart zu meditieren. Ich hatte so eine Ahnung, daß Gott eine besondere Leiterschaftsschulung für Menschen aus der Dritten Welt plante. Die Vision, die Gott mir in diesen Tagen schenkte, war der Grundstein für das Haggai-Institut, in dem heute christliche Leiter aus der Dritten Welt ausgebildet werden.

Manchmal gibt Gott uns in der Meditation nicht nur seine Gedanken und Ideen weiter, sondern er selbst kommt zu uns. Dann kann uns die Meditation in die Dankbarkeit führen und in das Lob über das, was Gott in unserem Leben schon getan hat.

Den deutschen Theologen Albrecht Bengel, von dem man wußte, daß er ein Mann des Gebetes war, sah man eines Tages in einer riesigen Bibel lesen. Er machte viele Pausen, meditierte, und man sah Tränen seine Wangen hinunterlaufen. Nachdem er lange gelesen hatte, schloß Bengel das Buch und begann mit Gott zu reden. Die Meditation über Gottes Wort hatte ihn zum Beten gebracht.

Einen Anfang machen

Vielleicht möchten Sie gerne Stille Zeit mit Gott machen, wissen aber nicht, wie Sie es anstellen sollen. Wenn das so ist, dann möchte ich Ihnen jetzt ein paar Tips geben, die Ihnen helfen können, das Beste aus Ihrer Stillen Zeit zu machen.

▷ Setzen Sie sich einen festen Termin am Tag, den Sie wirklich einhalten wollen. Auch, wenn Sie einmal spät ins Bett gekommen sind und am Morgen gerne etwas länger schlafen wollen, sollten Sie aufstehen, um Stille Zeit zu machen. Danach können Sie sich ja wieder hinlegen und den Schlaf nachholen, oder Sie legen eine längere Mittagspause ein. Wenn Sie es nicht schaffen, einen festen Termin einzuhalten, wird Ihre Stille Zeit darunter leiden.

▷ Überlegen Sie sich, wie Sie die Bibel lesen möchten, damit Sie mit dem Wort Gottes vertraut werden. Es gibt viele verschiedene Möglichkeiten: Sie können die Bibel von Anfang bis Ende lesen, Sie können zwischen dem Alten und dem Neuen Testament abwechseln, Sie können auch aus beiden jeweils ein Kapitel lesen und dazu noch einen Psalm, der Ihnen hilft, Gott anzubeten. Dann lesen Sie noch ein paar Verse aus den Sprüchen. Das hilft Ihnen bei der Gestaltung Ihrer Beziehungen.
Obwohl ich gerne mit dem Alten und mit dem Neuen Testament vertraut bleiben möchte, lese ich doch lieber im Neuen Testament. Aber ich lese es immer wieder anders. Ich habe ein wenig Probleme damit, daß in den Evangelien viele Geschichten immer wieder auftauchen. Deshalb lese ich jeweils ein Evangelium für sich: Ich lese Matthäus, Markus, Lukas und Johannes nicht parallel, sondern jedes Buch einzeln.

▷ Machen Sie sich nichts daraus, wenn Ihre Gedanken abschweifen, das passiert jedem. Wenn Sie sich deswegen schuldig fühlen, dann zieht Sie das nur noch weiter hinunter. Gott hat Verständnis für Ihre Schwäche. Wenn Sie in Ihrer Stillen Zeit nicht absichtlich tagträumen, dann ist das kein Problem.

▷ Lassen Sie sich nicht durch Bibelverse durcheinanderbringen, die Sie nicht verstehen. Lassen Sie sich davon nicht quälen oder entmutigen. Richten Sie Ihren Blick auf Gott und vertrauen Sie darauf, daß er Ihnen zur rechten Zeit diesen Vers erklären wird. Abraham Lincoln, einer der ersten Präsidenten der Vereinigten Staaten, hat gesagt: „Was ich mit dem Verstand begreifen kann, das mache ich mir zu eigen. Den Rest glaube ich einfach und warte auf den Tag, an dem Glaube und Verstand zu einer Einheit werden."

▷ Legen Sie sich ein Notizbuch an. Wenn Ihnen beim Bibellesen etwas ins Auge fällt, dann schreiben Sie es auf; Sie können es später vielleicht noch gebrauchen.

▷ Wenn Sie das Bibellesen abgeschlossen haben, dann lehnen Sie sich eine Weile zurück und meditieren Sie darüber, daß Gott jetzt bei Ihnen ist und daß er Ihnen all das Gute tun will und kann, was Sie brauchen.

▷ Beginnen Sie zu beten. Öffnen Sie Gott Ihr Herz und bringen Sie Ihre Bitten vor ihn.

Zwei Dinge sind mir beim Beten hilfreich geworden. Das eine ist eine Gebetsliste. Sie ist besonders dann hilfreich, wenn meine Gedanken abschweifen wollen und ich mich wieder sammeln möchte. Ich habe auf meiner Gebetsliste drei Spalten: Das Gebetsanliegen steht in der Mitte; links schreibe ich auf, wann ich begonnen habe, dafür zu beten, und rechts, wann das Gebet erhört wurde.

Gott hat auf viele meiner Gebete in wunderbarer Weise geantwortet, und jedesmal, wenn ich mir die rechte Spalte auf meiner Gebetsliste anschaue, spüre ich, wie mein Glaube dadurch gestärkt wird und wie ich mit Dankbarkeit Gott gegenüber erfüllt werde. Die Gebetsliste ist nicht nur eine Gedächtnisstütze für Gebetsanliegen, sondern sie bringt mich immer wieder dazu, Gott Danke zu sagen.

Natürlich wird nicht jedes Gebet sofort beantwortet und nicht jeder Wunsch erfüllt. Ich bete zum Beispiel bereits viele Jahre um Geduld. Gott hat zwar schon einiges in dieser Richtung in meinem Leben bewirkt, aber ein wirklich geduldiger Mensch bin ich noch lange nicht geworden.

Was mir außerdem beim Beten hilft, ist ein Notizblock – ich nutze ihn als Gedächtnisstütze. Während meiner Gebetszeiten kommt mir oft ein Gedanke in den Sinn, der mir für später wichtig ist. Schreibe ich ihn auf, dann geht er mir nicht ständig im Kopf herum und hält mich nicht mehr vom Gebet ab, und er geht trotzdem nicht verloren.

▷ Wenn Sie das Bibellesen unterbrechen, um zu beten, dann heißt das nicht, daß Sie auch aufgehört haben zuzuhören.
Mein Vater ist immer schon vor Tagesanbruch aufgestanden, um seine Stille Zeit zu halten. Als Kind habe ich mich immer gewundert, wo er das alles herhatte, was er da sagte – schließlich betete er manchmal sogar zwei Stunden am Stück. Als ich ihn einmal danach fragte, sagte er nur: „Ich spreche nicht nur selbst."
Achten Sie auf Gottes Stimme, und seien Sie offen für das, was er Ihnen eingibt.

▷ Kreisen Sie beim Beten nicht um sich selbst und um die Menschen, die Sie kennen. Wenn Sie Gott lieben, dann sollten Sie für alle seine Kinder beten, ganz gleich, welche Sprache sie sprechen, welche Hautfarbe sie haben oder wo sie wohnen. Denken Sie daran, daß die Bibel uns auffordert, für alle Menschen zu beten:
„So ermahne ich nun, daß man vor allen Dingen tue Bitte, Gebet, Fürbitte und Danksagung für alle Menschen, für die Könige und für alle Obrigkeit, damit wir ein ruhiges und stilles Leben führen können in aller Frömmigkeit und Ehrbarkeit." (1.Timotheus 2,1.2).
Mit Gott ins reine zu kommen, heißt, dankbar zu werden und die Abgeschiedenheit zu nutzen, um mit Gott Gemein-

schaft zu haben. Sie werden sehen, daß beides zusammengehört. Beides sind praktische Hilfen im Kampf gegen die Einsamkeit, und in beiden wird ein dritter Schritt wichtig, der hilft, mit Gott ins reine zu kommen – die Zufriedenheit.

Der zufriedene Christ

Im Kapitel über das „Häßliche Entlein“ haben wir festgestellt, daß es unter anderem die Unzufriedenheit ist, die aus der Einsamkeit eine Sünde macht.

Die Unzufriedenheit ist eine Falle, in die der einsame Mensch leicht hineintappt. Er glaubt, weil er einsam ist, muß es etwas geben, worüber er unzufrieden ist. Nehmen Sie zum Beispiel eine einsame Frau, die allein in einem großen Haus wohnt. Ihre Kinder sind groß und leben mittlerweile woanders, ihr Mann ist mit seiner Karriere beschäftigt und ihre Rolle als Mutter kann sie nicht mehr spielen. Oft arbeitet ihr Mann bis spät in die Nacht. Mit einem langen Gesicht bleibt sie zu Hause, sie hat keine Aufgabe mehr und fühlt sich nicht in der Lage, neu ins Gesellschaftsleben einzusteigen. Ihre Unzufriedenheit erwächst aus ihrer Einsamkeit und auch aus ihren Lebensumständen, die für diese Einsamkeit verantwortlich sind. Zuerst ist sie eine „Einsam-Liebende“ und nach und nach wird sie zu einem „Häßlichen Entlein“.

Ich möchte die Macht der Lebensumstände nicht verniedlichen. Es gibt wohl niemanden auf dieser Welt, der nicht auch schon einmal das Gefühl gehabt hat, das Gras auf der anderen Seite des Tales sehe grüner und saftiger aus. Ich denke an die, die viel geben und wenig dafür empfangen. An die Frauen, die gerne studieren würden, es aber nicht können, weil sie einen lieben Menschen pflegen müssen. Ich denke an die Männer mit großen Plänen im Kopf, die unter hohem Blutdruck leiden und deshalb nur eine Stunde pro Tag arbeiten können. Als Vater eines wunderbaren Sohnes, der in den 24 Jahren seines Lebens unter einer furchtbaren Nervenlähmung gelitten hat, weiß ich, was es heißt, ein behindertes Kind großzuziehen.

Solche Dinge sind es doch, die Unzufriedenheit rechtfertigen, oder? Lesen Sie, was der Apostel Paulus über die letzten Tage seines Lebens geschrieben hat:

„Ich werde schon geopfert, und die Zeit meines Hinscheidens ist gekommen. Demas hat mich verlassen und diese Welt liebgewonnen und ist nach Thessalonich gezogen, Kreszens nach Galatien, Titus nach Dalmatien. Lukas ist allein bei mir ... Bei meinem ersten Verhör stand mir niemand bei, sondern sie verließen mich alle. Es sei ihnen nicht zugerechnet." (2.Timotheus 4,6.10.11.16).

Dieser Mann hatte genug Gründe, sich zu beschweren. Jahrelang hatte er um des Evangeliums willen gelitten. Er war verhaftet worden, man hatte ihn eingekerkert und nach Rom vor das Gericht gebracht. Fast alle seine Freunde hatten ihn im Stich gelassen. Bei seiner Verhandlung stand er alleine da. Aber war Paulus unzufrieden? Lesen Sie einen Ausschnitt aus seinem Brief an die Philipper, der ungefähr zur selben Zeit geschrieben wurde:

„Ich habe gelernt, mir genügen zu lassen, wie's mir auch geht. Ich kann niedrig sein und kann hoch sein; mir ist alles und jedes vertraut; beides, satt sein und hungern, beides, Überfluß haben und Mangel leiden. Ich vermag alles durch den, der mich mächtig macht." (Philipper 4,11-13).

Die Antwort ist eindeutig: Nein. Statt sich zu beschweren, war Paulus einfach zufrieden, er bedauerte nicht, daß er seine Freiheit verloren hatte. Er jammerte auch nicht, weil er das Ansehen und den Reichtum verloren hatte, den er hätte haben können, wenn er Pharisäer geblieben wäre: „Was mir Gewinn war, das habe ich um Christi Willen für Schande geachtet." (Philipper 3,7). Christus allein war ihm genug, nichts war damit vergleichbar. „Ihn möchte ich erkennen und die Kraft seiner Auferstehung." Das war das Ziel, für das Paulus jeden Preis zu zahlen bereit war.

Eine solche Zufriedenheit findet sich heute nur noch selten, statt dessen wollen wir immer noch mehr. Mit den Nachbarn mitzuhalten ist uns meist wichtiger, als ein gesundes geistliches Leben zu entwickeln. Unsere Großeltern waren noch zufrieden damit, wenn sie ihre Hochzeitsreise in den eigenen vier Wänden verbringen oder sich bei einem Spaziergang erholen konnten, und sie fühlten sich dabei ebenso gut wie wir. Wer denkt, er hätte nie genug, um wirklich glücklich zu sein, der erliegt einem Trugschluß. Je mehr wir haben, desto unglücklicher sind wir.

Lernen Sie, mit dem zufrieden zu sein, was Sie haben. Hören Sie weg, wenn die Welt Ihnen immer wieder einredet, Sie müßten unzufrieden sein. Glauben Sie den Modemagazinen nicht, die behaupten, Ihre Stellung in der Gesellschaft hänge von Ihrem äußeren Erscheinungsbild ab. Halten Sie sich die Ohren zu, wenn die Werbung Ihnen einreden will, daß man sich zu Hause nicht wohl fühlen kann, wenn man nicht die neuesten Möbel im Wohnzimmer stehen hat. Glauben Sie es nicht, wenn das Fernsehen Ihnen weismachen will, daß nur der glücklich und erfolgreich sein kann, der gut aussieht. Seien Sie mit dem zufrieden, was Gott Ihnen gegeben hat.

Zufriedenheit ist nicht das gleiche wie Gleichgültigkeit. Wenn Sie zufrieden sind, heißt das nicht, daß Sie nichts mehr erreichen wollen. Aber wenn Sie zufrieden sind, dann gehen Ihnen nicht mehr alle aus dem Weg, weil Sie kein Nörgler mehr sind.

Nörgler reden über nichts anderes als über Probleme. Ihre Welt ist so angefüllt mit Problemen, daß nichts anderes mehr darin Platz hat. Sie sind unglücklich, und das raubt ihnen die Kraft und stößt andere Menschen ab. Im Gegensatz dazu fördert Zufriedenheit Optimismus und Effektivität. Sie macht uns stark in Christus und unabhängig von äußeren Umständen.

Denken Sie daran: Wie schlimm es im Leben auch kommt, Gott wird Sie nicht im Stich lassen. Ich weiß das aus eigener Erfahrung.

1931 war ich 17 Jahre alt. Ich lebte mit meiner Familie in Kalamanzoo im Staat Michigan. Im schlimmsten Schneesturm, den Michigan bis dahin erlebt hatte, passierte etwas, das mir unauslöschlich im Gedächtnis geblieben ist. Vater hatte schon einige Wochen gepredigt, ohne daß er dafür Geld bekommen hatte. Eines Tages kamen wir zum Frühstück in die

Küche. Der Tisch war gedeckt, aber es gab nichts zu essen. Das Feuer im Ofen brannte, obwohl kein Brennstoff mehr da war – kein Öl, kein Holz, keine Kohle.

Wir setzten uns an den Tisch. Ich erinnere mich daran, daß Vater wie immer aus der Bibel vorlas, und dann beteten wir. Er betete für die Missionare, für unsere Verwandten, die Gläubigen und die Ungläubigen, für unsere Nachbarn, für die Gemeindemitglieder und für unsere Familie. Und dann sagte er ungefähr folgendes:

„Gott, du weißt, daß wir nichts zu essen haben, außer einen halben Liter Milch für unser Baby Tom. Du weißt, daß wir nichts mehr haben, womit wir den Ofen anfeuern können. Wenn es dein Wille ist, daß wir heute nichts essen, dann werden wir das mit Dankbarkeit so annehmen, weil es das Beste für uns ist. Wenn du nicht willst, daß wir heizen können, dann danken wir dir für die warmen Kleider und das warme Bett, das du uns gegeben hast, und wir werden aus deiner Hand nehmen, was du uns gibst, und wir werden auch bereit sein zu verzichten, wenn es dein Wille ist, weil wir wissen, daß es das Beste für uns ist."

Als ältester Sohn lag mir die Situation unserer Familie immer besonders am Herzen, und ich muß sagen, ich war nicht so zufrieden, wie Vater es anscheinend war. Aber wir hatten unser Gebet kaum beendet, da waren vorm Haus Geräusche zu hören. Es klang, als würde jemand mit einem Pferdeschlitten vorfahren, und dann klopfte es an der Tür. Mein Vater öffnete die vereiste Tür mit Gewalt, und der Schnee wehte herein.

Draußen stand ein Mann.

„Herr Pastor", sagte er, „wahrscheinlich erinnern Sie sich nicht mehr an mich, aber ich hörte Sie vor einiger Zeit in einer anderen Stadt predigen. Heute morgen, als Gott mich geweckt hat, mußte ich an Sie denken. Mit meinem Lastwagen konnte ich nicht fahren, weil die Straßen zugeschneit sind, deshalb habe ich die Pferde vor den Schlitten gespannt. Ich hatte das Gefühl, ich müßte Ihnen das hier bringen."

Dann gab er Vater zwei große Einkaufstüten, etwas Holz und zehn Dollar.

Dieses Erlebnis werde ich nie vergessen. Wenn ich heute in Schwierigkeiten bin, denke ich daran. Es stärkt meine Zufriedenheit und wischt jeden Hauch von Einsamkeit weg.

Dritter Teil:

Kommen Sie mit sich selbst ins reine

Kontrolle der Gedanken

Vor vielen Jahren, als ich noch die Universität besuchte, hatten meine Frau und ich Kontakt zu einem Mathematiklehrer. Er war ein freundlicher Mann und hatte viel Mitgefühl. Wenn er gebeten wurde, jemand anderen einzuschätzen, dann hatte er nur zwei Antworten. Er sagte entweder: „Er hat eine gute Einstellung“ oder „Er hat keine gute Einstellung“.

Damals hielt ich das für eine sehr oberflächliche Methode, Menschen zu beurteilen. 35 Jahre später bin ich davon überzeugt, daß er recht hatte. Die Einstellung eines Menschen ist die Grundlage für seinen Erfolg oder Mißerfolg. Das gilt nicht nur für die Mathematik, sondern auch für alle anderen Lebensbereiche. Die Wurzeln des Erfolges liegen in den Gedanken eines Menschen. Dieses Prinzip findet sich auch in der Heiligen Schrift. Ein altes Sprichwort drückt es so aus: „Du bist, was du denkst.“

Niemand kann ein fröhliches Leben führen, wenn seine Gedanken von der Einsamkeit beherrscht werden. Was sich innen abspielt, wird auch nach außen hin sichtbar werden. Lassen Sie Gedanken der Einsamkeit zu, dann werden Sie sich sicher bald schlecht fühlen, und im Laufe der Zeit werden Sie auch körperlich darunter zu leiden haben. Weil die Psyche Ihren Körper beeinflußt, wird sich jeder geistige Zustand früher oder später auch körperlich ausdrücken, das ist nur natürlich. So erklären sich auch die psychosomatischen Krankheiten: Hier drückt sich körperlich aus (Griechisch: soma), was in der Seele passiert (Griechisch: psyche).

Die Frau eines amerikanischen Präsidenten, der später ermordet wurde, lag lange Jahre gelähmt im Bett. Ihr Mann bediente sie von vorne bis hinten, auch dann noch, als er im Weißen Haus arbeitete. Es schien ihr großen Spaß zu machen, gerade dann nach ihm zu läuten, wenn er mitten in einer wichtigen Sitzung war. Nach seinem Tod verließ sie das Bett und lebte ein völlig normales Leben.

Was war der Grund für ihre Krankheit? – Ihre Psyche natürlich. Einige, die beide gekannt hatten, sagten später, sie sei mit ihrem Mann im Wettstreit gewesen. Sie war eifersüchtig darauf, daß ihm so viel Beachtung geschenkt wurde, und so machte sie durch ihre Krankheit auf sich aufmerksam – wahrscheinlich ohne Absicht.

Programmieren Sie sich neu

Stellen Sie sich vor, in Ihrem Kopf sitzt ein Computer, der Ihre ganze Person steuert. Es ist ein wunderbares, ausgeklügeltes Gerät, aber genau wie bei einem richtigen Computer muß er mit dem richtigen Programm geladen werden, wenn er seine Arbeit gutmachen soll. Wenn Sie mit sich selbst ins reine kommen wollen, dann müssen Sie also zuerst das richtige Programm in Ihren Computer laden.

Vielleicht glauben Sie, Ihr Geist unterliegt so sehr eigenen Gesetzmäßigkeiten, daß es unmöglich ist, ihn in irgendeiner Weise zu kontrollieren –, ich versichere Ihnen, es geht. Wenn viele Menschen einen ziemlich chaotischen Arbeitsspeicher haben, dann liegt das daran, daß sie nicht bereit waren, Ordnung in das System zu bringen. Zu kontrollieren, was in Ihren Geist hineinkommt, ist in Wirklichkeit ebenso einfach, wie zu kontrollieren, was in Ihren Körper hineinkommt. Wenn es Zeit zum Mittagessen ist, reißen Sie dann die Kühlschranktür auf und stopfen alles in sich hinein, was nicht niet- und nagelfest ist? – Bestimmt nicht. Wer essen will, folgt einem bestimmten System. Sie essen zu einer bestimmten Zeit, und Sie versuchen sich ausgewogen zu ernähren. Sie tun das, weil Sie wissen, daß es von entscheidender Bedeutung für Ihre Gesundheit ist, was Sie essen.

Das sollte Sie auch bewegen, wenn es um Ihren Geist geht.

Gut zu denken, heißt, gut zu leben und über einen gesunden Körper und ein ausgewogenes Gefühlsleben zu verfügen. In einem Gedicht von Ella Wilcox Wheeler finden sich diese Gedanken wieder. Das Gedicht heißt:

Geheime Gedanken

Ich bin gewiß, Gedanken sind Dinge
versehen mit Körpern, Atem und Flügeln,
ausgeschickt von uns,
zu füllen die Welt mit Gutem oder Schlechtem.

Was wir unsere geheimen Gedanken nennen,
saust zu den entferntesten Winkeln der Erde
und läßt dort Segen oder Fluch
wie Spuren zurück, wenn sie wieder gehn.

Gottes Gesetz ist es, denke daran
in deinem Zimmer, wenn du sitzt
allein mit Gedanken, die zu kennen du leugnen wirst,
und doch vertraut mit ihnen, wenn du allein.

Leben ist in diesen Gedanken und fliegen werden sie,
Spuren hinterlassen, wo sie gewesen,
ein modriger Windhauch, dessen giftiger Atem
Krankheit und Verderben in die Häuser trägt.

Wenn du nicht vergessen
und ausgemerzt die verblassenden Gedanken,
zurück werden sie kommen zu dir,
sich einnisten wie Taube oder Rabe.

Laß helles Licht in deine geheimen Gedanken,
sie sind es, die Leben sind und schenken,
sie sind es, die Welten bauen und Leben formen
nach Gottes Plan, der kaum durchschaubar.

Achten Sie darauf, was Sie in Ihr neues geistiges Programm hineinlassen! Manche Gedanken scheinen auf den ersten Blick verführerisch, ermutigend und hilfreich. Später entpuppen sie sich dann als zerstörerische Eindringlinge. Den Mitarbeitern in meinem Büro rate ich, ihre Autos Tag und Nacht abzuschließen – nicht, weil ich ihnen damit Angst einjagen möchte, sondern nur als eine weise Vorsichtsmaßnahme.

Vielleicht schließen Sie Ihren Wagen auch jedesmal ab. Wenn Sie wachsam sind, was den Schutz Ihres Besitzes angeht, wieviel mehr sollten Sie wachsam sein, wenn es um Ihren Geist geht? Machen Sie keine Fehler – schlechte Gedanken, die die Einsamkeit im Schlepptau haben, stehen vor der Tür Ihres Bewußtseins. Sie warten nur darauf, daß Sie ihnen Aufmerksamkeit schenken.

Gott wird Sie vor solchen Gedanken nicht bewahren. Da können Sie noch so viele Bibelstellen bemühen, zum Beispiel den Abschnitt aus Psalm 91: „Denn er hat seinen Engeln befohlen, daß sie dich behüten auf allen deinen Wegen, daß sie dich auf den Händen tragen und du deinen Fuß nicht an einen Stein stoßest." (Psalm 91,11.12). Der Psalmist meint damit nicht, daß man einfach barfuß über Steine laufen sollte.

Gottes Bedingung ist, daß Sie sich an die Spielregeln halten, das heißt, daß Sie es vermeiden, absichtlich in Schwierigkeiten zu geraten. Sie nehmen ja auch nicht irgendeine Medizin ein, ohne vorher zu lesen, was drin ist. Sie können auch nicht davon ausgehen, daß Ihre Kinder sich die richtigen Freunde aussuchen oder die richtigen Entscheidungen treffen, wenn Sie ihnen nicht ein paar gute Ratschläge mit auf den Weg geben. Dummheiten zu machen und dann darauf zu hoffen, daß Gott Sie beschützen wird – das hat mit Glaube nichts zu tun, das ist eine Vermessenheit.

Passen Sie auf, daß Sie sich nicht dazu hinreißen lassen, so zu denken wie alle anderen auch. Machen Sie sich Gedanken über das, was die Medien Ihnen vermitteln. Wählen Sie bewußt die Bücher und Zeitschriften aus, die Sie lesen wollen. Denken Sie darüber nach, welche Sendungen Sie im Fernsehen sehen wollen und welche nicht. Seien Sie vorsichtig, wenn Sie sich mit traurigen, depressiven Themen auseinandersetzen, oder wenn es in dem, was Sie lesen oder sehen, um Einsamkeit geht. Alles, worauf Sie Ihre Aufmerksamkeit richten, wird Sie beeinflussen, ob Sie wollen oder nicht.

Wenn Sie schlechte Einflüsse vermeiden wollen, dann gehen Sie ihnen einfach aus dem Weg! Einer Stadt, in der eine Choleraepidemie ausgebrochen ist, würden Sie doch auch keinen Besuch abstatten. Ihr Ziel sollte es sein, jeden Ihrer Gedanken unter Kontrolle zu haben. Jeder Gedanke sollte genau das tun, was Sie wollen. Wie Paulus geschrieben hat: „Wir zerstören damit Gedanken und alles Hohe, das sich erhebt gegen die Erkenntnis Gottes, und nehmen gefangen alles Denken in den Gehorsam gegen Christus." (2. Korinther 10,5).

Seien Sie besonders sorgsam mit der Auswahl der Menschen, mit denen Sie zusammen sind. Die Menschen, mit denen Sie die meiste Zeit verbringen, werden auch Ihr Denken am stärksten beeinflussen. Ein Mensch mit einer schlechten Ausstrahlung wird auch Ihr Denken schlecht beeinflussen.

Seien Sie auf der Hut vor solchen Einflüssen. Wenn Sie Ihre Zeit mit Menschen verbringen, die sich über den Glauben lustig machen oder die zynisch sind, dann denken Sie darüber nach, was Ihnen wichtig ist. Echte Freundschaft kann man nicht damit bezahlen, daß man seine Prinzipien über Bord wirft. Ein Christ, der versucht, die Anerkennung von spöttischen Zeitgenossen zu gewinnen, indem er ihre Gedanken übernimmt, wird nicht selten in noch tiefere Einsamkeit versinken. In diesem Fall führt der Weg zum Erfolg nur über die Rolle des Außenseiters. Alles andere wäre Selbstbetrug.

Vielleicht denken Sie: „Was mir Gott, mein Retter, mitgegeben hat, das reicht nicht, um mit diesem Druck fertig zu werden." Natürlich reicht es! Ohne ihn kann man die Einsamkeit gar nicht besiegen. Wer nicht zuerst mit Gott ins reine gekommen ist, der kann überhaupt nicht mit sich selbst und mit anderen klarkommen.

Sie selbst neu zu programmieren, heißt natürlich nicht nur, daß man die schlechten Einflüsse vermeiden lernt. Wenn schlechte Gemeinschaft eine Gefahr darstellt, dann ist es doch wahrscheinlich eine Hilfe, wenn man gute Gemeinschaft sucht. Der Apostel Paulus hat Timotheus geschrieben, daß jemand, der eine Gemeinde leitet, die Gemeinschaft guter Menschen lieben sollte (Titus 1,8). Ein Hinweis, der allen gilt. Die Gemeinschaft mit positiven, geisterfüllten Menschen, deren Lebensmitte Christus ist, wird Ihnen dabei helfen, Ihre Gedanken neu zu programmieren, weil Sie von positiven Gedanken umgeben sind. Wie erkennen Sie einen guten Menschen? – Lesen Sie einige der Schlüsselstellen in der Bibel. Ein guter Mensch ist jemand,

- ▷ der unabhängig von seiner äußeren Situation zufrieden ist (Philipper 4,11),
- ▷ der Gott allezeit lobt (Philipper 4,4),
- ▷ der bereit ist, in allen Dingen dankbar zu sein (1. Thessalonicher 5,18),
- ▷ der gewiß ist, daß er alles im Überfluß hat (Philipper 4,18),
- ▷ der ein reiches Leben führt (Johannes 10,10).

Suchen Sie nach solchen Menschen. Gute Gemeinschaft mit anderen Christen ist eines der größten Vorrechte, die Sie als Königskind genießen; eines Ihrer Vorrechte als Mitglied in Gottes Familie. Nutzen Sie dieses Vorrecht! Paulus schämte sich nicht, zu schreiben, daß die Gemeinden seinem Vorbild im Glauben folgen sollten. Wenn Sie also Christen finden, die ein vorbildliches Leben führen, dann seien Sie sich nicht zu schade, diesem Vorbild zu folgen. Benutzen Sie das Leben dieser Menschen als Modell für die Neuprogrammierung Ihres Denkens.

Versuchen Sie, negativen Gedanken und Ideen zu widerstehen, indem Sie ihnen keinen Platz in Ihrem Kopf lassen. Lassen Sie sich mit guten Gedanken füllen, mit dankbaren, aufrichtigen Gedanken, die Sie nach oben ziehen. Weisen Sie negative Gedanken ab, und heißen Sie die guten willkommen. Das riet der Apostel Paulus den Philippern:

„Weiter, liebe Brüder: Was wahrhaftig ist, was ehrbar, was gerecht, was rein, was liebenswert, was einen guten Ruf hat, sei es eine Tugend, sei es ein Lob – darauf seid bedacht." (Philipper 4,8).

Zuerst wird die Kontrolle der Gedanken ein wenig Anstrengung kosten, aber mit ein bißchen Übung wird sie bald zur guten Gewohnheit werden.

Wer den „ungeheuerlichen" Charlie Jones einmal kennengelernt hat, weiß, daß er ein ziemlich ungewöhnlicher Zeitgenosse ist. Charlie hat ein Buch geschrieben mit dem Titel: „Das Leben ist ungeheuerlich". Außerdem ist er ein Spezialist in Sachen „christliche Leiterschaft". Was mehr beeindruckt, ist, daß er sich nie beschwert, daß er nie meckert oder sich ärgert. Sie glauben das nicht? Ich habe es auch nicht geglaubt. Man hat das Gefühl, dieser optimistische, fröhliche, tiefgläubige Mensch läuft ständig auf Hochtouren.

Eines Abends, nachdem wir den ganzen Tag gemeinsam bei einer Sitzung verbracht hatten, fragte er mich, ob ich mit ihm von Philadelphia nach Harrisburg mitfahren wollte. Es war schon kurz nach Mitternacht, normalerweise wäre ich lieber geflogen, aber ich stimmte zu, weil ich ihn näher kennenlernen wollte. Vor Jahren habe ich herausgefunden, daß man an langen gemeinsamen Abenden einen Menschen am besten kennenlernt. Denn wenn sie gegen den Schlaf ankämpfen, lassen die Menschen meist ihre Maske fallen. Sie reden über Dinge, die sie normalerweise lieber für sich behalten. Ich war gespannt darauf, Charlie in einer solchen Situation zu erleben.

Ich weiß nicht, was Charlie in diesen Stunden über mich herausgefunden hat, aber ganz gleich, wie hundemüde er auch gewesen sein mag, er war die ganze Zeit über so unterhaltsam, positiv und fröhlich, als wäre er gerade erst aufgestanden. – Er hatte sich erfolgreich neu programmiert. Jahrelang hatte er Christus die Ehre gegeben, indem er Gedanken und Ideen in sich aufnahm, die vom Lob Gottes erfüllt waren. Diese Gedanken haben ihm gutgetan und sind ihm zum Segen geworden.

Ein ähnlicher Mensch ist Carl Newton, der Direktor einer großen Fotofirma in San Antonio im Staat Texas. Er ist einer der angesehensten Geschäftsleute der Vereinigten Staaten. Ich höre ihm gerne zu, wenn er gemeinsam mit seiner Familie betet. Denn er verbringt mehr Zeit damit, Gott im Gebet für seine Gaben zu loben, als jeder andere Mensch, den ich kenne. Wenn Sie dabei Zeuge sind, wenn Carl mit seiner Familie betet, dann gehen Sie erfrischt wieder nach Hause; und wenn Sie bedrückt hingehen, dann springen Sie auf dem Heimweg vor Freude.

Vor einigen Jahren haben Carl und seine wunderbare Frau Janie eine Tochter verloren. Sie fühlte sich schlecht, als sie aus der Schule nach Hause kam. Am nächsten Tag war sie tot. Es war ein furchtbarer Schock, und in gewisser Weise sind sie bis heute nicht darüber hinweggekommen. Aber wenn Sie mit ihnen zusammen sind, würden Sie nicht glauben können, daß sie solches Leid erfahren haben. Sie haben sich selbst positiv programmiert. Sie wollten weiterleben, weiterwachsen und weiter von Gott gesegnet werden.

Der Startplatz

Lassen Sie uns über einige Dinge reden, die mir selbst geholfen haben, mich neu auf Gottes Herrlichkeit hin zu programmieren.

▷ Entscheiden Sie sich, welche Art von Gedanken in Ihrem Kopf vorherrschen sollen und speichern Sie sie!
Um sich inspirieren zu lassen, sollten Sie in der Bibel lesen. Es gibt keine bessere Quelle für positive Gedanken. Nehmen Sie zum Beispiel Philipper 4,13: „Ich vermag alles durch den, der mich mächtig macht." Anders übersetzt könnte diese Stelle lauten: „Ich bin allmächtig durch den, der mir ständig seine Kraft gibt." Wie kriege ich das in meinen Kopf hinein? Ganz einfach. Ich schreibe es auf einen Zettel und wiederhole es immer wieder. Wenn ich durch eine schwere Zeit gehe und versucht bin, darüber zu brüten oder die Umstände oder andere Menschen dafür verantwortlich zu machen, dann spreche ich diesen Vers zu mir

selbst. Nicht einmal, sondern mehrmals hintereinander. Auch 50- oder 100-mal ist nicht zu viel.
Im Laufe eines Tages werden Sie immer wieder Zeit finden, Verse aus der Bibel zu wiederholen. Wenn Sie zur Arbeit fahren oder wenn die Kinder in die Schule gegangen sind zum Beispiel. Stecken Sie eine Karte mit diesem Vers in die Sonnenblende Ihres Autos, so daß Sie sie jedesmal sehen, wenn Sie an einer Ampel anhalten. Legen Sie sie neben das Bett, damit es das letzte ist, das Sie an diesem Abend lesen. Schreiben Sie den Vers mit Seife auf einen der Badezimmerspiegel, wenn sich Ihre Familie nicht daran stört. Sprechen Sie den Text auf eine Kassette, die Sie bei der Hausarbeit hören.

▷ Denken Sie über Ihre persönliche Situation nach, und suchen Sie nach Verheißungen, die Ihnen helfen, damit klarzukommen! Am einfachsten geht das, wenn Sie die Verheißungen und Versprechungen der Bibel auf Ihr eigenes Leben anwenden. In Philipper 4,19 heißt es: „Mein Gott aber wird all eurem Mangel abhelfen nach seinem Reichtum in Herrlichkeit in Christus Jesus." Verkürzt können Sie auch sagen: „Durch Christus sorgt Gott für alles, was ich nötig habe." Sie können es auch konkreter formulieren: „Durch Christus sorgt Gott für alles, was ich nötig habe – geistig, körperlich, finanziell, geistlich. Gott sorgt für alles."
Wenn Sie dazu neigen, über Ihre Einsamkeit zu brüten, dann schreiben Sie den folgenden Satz auf eine Karte: „Mein Bedürfnis nach Gesellschaft ist durch die Gemeinschaft mit Christus und mit denen, die er in mein Leben gebracht hat, gestillt." Das ist eine biblische Wahrheit, auch wenn wir sie so nicht wortwörtlich in der Heiligen Schrift finden. Das ist ein Schatz, den Sie in Ihrem Gedächtnis fest einspeichern sollten. Denken Sie daran, daß Gott das, was in Ihrem Denken gespeichert ist, benutzt, um Ihr Unterbewußtsein neu zu programmieren. Vielleicht kommen in Ihnen gerade jetzt Gedanken der Leere und der Nutzlosigkeit auf, weil das alles ist, was in Ihnen gespeichert ist. Nehmen

Sie sich die Zeit, Bibelverse zu lernen, und Sie werden merken, daß Sie das gerade dann bereichert, wenn Sie es am wenigsten erwartet hätten.

Es gibt keine Situation, in der Ihnen eine neue Programmierung nicht helfen könnte. Ältere Menschen zum Beispiel leiden doppelt unter der Einsamkeit. Einmal, weil die meisten ihrer Freunde bereits gestorben sind, und zweitens, weil sie sich leicht nutzlos und vernachlässigt fühlen. Trotzdem kann auch ein alter Mensch davon profitieren, wenn er sich auf die richtigen positiven Aussagen verläßt: „Ich werde neue Freunde kennenlernen, das wird mir und meinen neuen Freunden guttun." Oder: „Ich nutze meinen großen Schatz an Erfahrungen, den ich mir über die Jahre angesammelt habe, um junge Menschen zu ermutigen. Ich hänge nicht kindisch an der Vergangenheit, sondern ich bitte Gott um Weisheit, wenn ich anderen weiterhelfe, ohne dabei Druck auszuüben."

Benutzen Sie solche positiven Aussagen, um gegen Ihre Schwachheit anzukämpfen und das Beste aus Ihren Möglichkeiten zu machen.

▷ Seien Sie echt!

Viele Börsenmakler in London haben ein Schild in ihrem Büro hängen, auf dem steht: „Lebe bewußt!" Dieser Satz erinnert sie immer wieder daran, daß sie darauf achten müssen, daß ihre Arbeit effektiv ist. Ähnliche Schilder habe ich in den Büros verschiedener Menschen in führender Position gesehen. Mottos auf gerahmtem Papier, auf Pergament oder in Metall gehämmert, die diesen Menschen auf Gedanken programmieren sollten, die er für wichtig und produktiv hielt.

Es ist eine Art von Selbstgespräch, das weder besondere Fähigkeiten noch einen großen Reichtum erfordert – nicht einmal Zeit. Denken Sie nur einmal darüber nach: Jeden Tag unseres Lebens programmieren wir uns oder lassen uns von anderen programmieren. Es sollte also keine große

Mühe kosten, darauf zu achten, daß wir uns nicht negativ, sondern positiv programmieren.

Als ich 1972 zu einer Evangelisation in Portugal war, lernte ich den portugiesischen Ausdruck für: „Ich bin fröhlich in dem Herrn. – Sto contente no Senor." Das erwies sich als überaus nützlich, weil die Menschen, die jeden Abend in Massen zum Sportpalast geströmt kamen, einen sehr müden und belasteten Eindruck machten. Ich bat sie, den Satz mit mir gemeinsam zu wiederholen: „Sto contente no Senor." Zuerst sprachen sie sehr mechanisch. Beim zweiten Mal bat ich sie, den Worten mehr Ausdruck zu verleihen, ihn mit dem Mund und mit dem ganzen Gesicht zu sprechen. Beim dritten Versuch hatte diese einfache Selbstprogrammierübung die gesamte Atmosphäre verändert.

Es ist eine Tatsache, daß laut ausgesprochene Worte mit einer positiven Botschaft unsere Gefühle verändern. Mit ein bißchen Übung können wir uns das zunutze machen. Am Anfang mag es Ihnen komisch vorkommen, Tatsachen zu bestätigen, indem Sie sie im Glauben laut aussprechen. Aber wenn wir davon ausgehen, daß diese Wahrheiten tief in der ewigen Weisheit des Wortes Gottes verwurzelt sind, werden wir sie entdecken.

Die Psychologie hat immer wieder gezeigt, daß der Mensch dazu neigt, sich seinem Selbstbild anzupassen. Ein negatives, einsames Selbstbild fördert die Einsamkeit. Sagen Sie sich selbst, daß Sie einsam sind, und Sie werden einsam sein. Aber malen Sie ein Bild von sich selbst, das einen Menschen zeigt, der rundum zufrieden ist, und Sie werden Frieden, Freude und Erfüllung finden.

Sie sind, was Sie denken. Stellen Sie deshalb eine Verbindung zwischen Ihrem Denken und Ihrer Situation her, wie sie sich vor dem Hintergrund der Verheißungen Gottes darstellt. Diese Verheißungen ermuntern zum Danksagen, und diese Dankbarkeit wird Ihnen helfen, mit Gott ins reine zu kommen. Aber diese Verheißungen bilden auch die Grundlage, auf der Sie Ihre Beziehung zu sich selbst wiederherstellen können.

Eine Firma, deren Direktor ständig das Gefühl hat, er stehe kurz vor dem Bankrott, wird sich nicht vergrößern. Um sich ausdehnen zu können, bedarf es eines gesunden Bewußtseins der eigenen wirtschaftlichen Stärke. Ebenso wird es Ihnen nicht gelingen, die Einsamkeit zu besiegen, wenn Sie sich nicht bewußt machen, wie Gott Sie schon in Ihrem Leben gesegnet hat. Sie sind nicht allein, Gott ist bei Ihnen. Er hat Sie in die Gemeinschaft seiner Heiligen gestellt. Gewinnen Sie die Kontrolle über diese Gedanken, und Sie werden anfangen, die Einsamkeit zu besiegen!

Stellen Sie den Rückspiegel richtig ein!

Die Kontrolle über Ihr Denken ist der erfolgversprechendste Weg, mit Ihrer gegenwärtigen Situation klarzukommen. Aber natürlich sind nicht alle diese Lebensumstände gegenwärtig, es sind eigentlich nur sehr wenige. Wie Abfahrten auf der Autobahn liegen viele Lebensumstände lange zurück, und doch erinnert man sich noch an sie. Richtig wahrnehmen können wir sie aber nur in dem Augenblick, wo wir an ihnen vorbeifahren. Als Reisende auf der Autobahn des Lebens sind wir immer auf der Reise – vorwärts und rückwärts – in die Vergangenheit und in die Zukunft.

Auf der Autobahn können wir Fehler dadurch ausbügeln, daß wir einfach wieder zurückfahren –, im Leben können wir das nicht. Es ist eine Binsenweisheit, daß die Vergangenheit nicht geändert werden kann. Eine gedankenlose Bemerkung können wir ebensowenig auslöschen, wie wir Tote wieder lebendig machen können. Unsere Worte und Taten sind im Buch der Geschichte unauslöschlich festgehalten, und Sie sind mitverantwortlich für das, was hier und heute in dieses Buch hineingeschrieben wird.

Für manche Menschen ist das ein deprimierender Gedanke. Sicher beeinflußt uns die Vergangenheit, aber es ist nur ein Einfluß unter vielen anderen. Gegen die Verfehlungen der Vergangenheit kann man zwar kämpfen, aber man kann sie nicht ungeschehen machen. Das zeigt sich immer dann, wenn wir uns verteidigen, weil wir die Gefühle eines anderen Menschen verletzt haben, oder wenn wir zweimal über einen falschen Rat nachdenken. Die tatsächliche Gefahr liegt darin, und das gilt besonders für das Problem der Einsamkeit, daß die Vergangenheit von den gegenwärtigen Gefühlen vergiftet wird.

Der Erfahrungsschatz eines jeden Menschen ist eine Mischung. Es gibt Gutes und Schlechtes, Freude und Trauer, das Licht der Gnade und den Schatten der Sünde. Wenn Sie wichtige Unterlagen verschmiert haben, dann ist das noch lange keine Entschuldigung dafür, sie in den Papierkorb zu werfen. Wenn Sie Ihre Vergangenheit als eine verlorene Sache ablehnen, dann erweisen Sie sich damit keinen Dienst. Mehr noch, Sie beleidigen Gott damit.

Gott wollte, daß unsere Vergangenheit für uns zu einer Quelle wird, ein Reservoir an Erinnerungen, die uns ermutigen und inspirieren sollten. Vielleicht sagen Sie jetzt: „Das mag für Sie ja in Ordnung sein, aber Sie haben auch nicht so eine Vergangenheit wie ich!“ Vielleicht ist das so. Aber ich habe eine ganze Menge Fehler gemacht und Probleme und Schmerzen angesammelt, doch das hält mich nicht davon ab, in allem die Hand Gottes zu sehen. Wenn Sie ein einsamer Mensch sind, dann ist es sicher wahr, daß Sie alle möglichen Erinnerungen an die Einsamkeit haben, aber diese Erinnerungen sind nicht das eigentliche Problem. Das Problem ist, daß Sie sich weigern, alles andere wahrzunehmen!

Nachdem Gott dem Volk Israel einen entscheidenden Sieg über die Philister geschenkt hatte, stellte der Prophet Samuel einen Gedächtnisstein auf, den er Ebenezer nannte. Darauf stand geschrieben: „Bis hierher hat uns der Herr geholfen.“ Er hätte auch etwas anderes darauf schreiben können, zum Beispiel: „Bis hierher hatten wir sehr hart zu kämpfen.“ Das wäre nicht die Unwahrheit gewesen, aber es wäre der Vergangenheit des Volkes Israel nicht gerecht geworden.

Wichtig war nicht, wie hart die Israeliten hatten kämpfen müssen, sondern daß Gott mit ihnen gewesen war. Die Erinnerung an die Schlacht hätte ihnen keinen Trost gegeben; die Erinnerung an das Eingreifen Gottes würde sie dagegen sehr ermutigen.

Samuel benutzte die Erinnerung in genau derselben Weise, er erinnerte an den Sieg Israels dank Gottes Stärke. Die Philister konnten sich nie wieder gegen die Israeliten durchsetzen, solange Samuel lebte. Ich glaube, daß diese ständige Erinnerung durch Samuel den Glauben des Volkes Israel stärkte und daß Gott dementsprechend auch gehandelt hat. Ihre richtige Sicht der Vergangenheit erleichterte es Gott, sie in der Gegenwart zu segnen. Wenn sie über seine Taten nachdachten, ehrten sie Gott damit. Sie lobten Gott, und durch dieses Lob hat Gott sie befreit.

Es gilt folgendes Prinzip: Wenn wir bereit sind, die Hand Gottes in unserer Vergangenheit zu sehen, dann sind wir bereit, seinen Segen in unserer Gegenwart zu erfahren. Eine positive Sicht der Vergangenheit zu haben, hilft dabei, sich von depressiven und bitteren Gefühlen zu befreien. Wir sehen es wie durch ein Weitwinkelobjektiv – Gottes Stärke und unsere Fehler in ein und demselben Bild. Wir können uns nicht damit herausreden, daß wir denken, wir wären allein gelassen worden, als wir bedürftig waren, oder wir hätten alleine einen aussichtslosen Kampf kämpfen müssen. Ganz im Gegenteil: Wenn wir zurückblicken, sehen wir, daß Gott auch in den schlimmsten Momenten an unserer Seite war. Dieses Wissen stärkt unseren Glauben für die Gegenwart.

In einem meiner anderen Bücher zu dem Thema „Wie besiege ich meinen Schmerz" habe ich auf einen bemerkenswerten Mann hingewiesen, den mein Vater vor vielen Jahren in Pittsburgh, im Staat Pennsylvania, getroffen hat, Dr. Blair. Er war Pfarrer und er war blind, so daß er ganz und gar auf seinen Blindenhund angewiesen war. Dr. Blair hatte mehr Grund, sich einsam zu fühlen, als die meisten von uns, trotzdem war er ein wunderbarer Mensch, und viele wollten mit ihm sprechen.

Eines seiner Augen hatte er bei einem Missionseinsatz in Indien verloren – es fiel regelrecht heraus. Der Arzt sagte ihm, daß sich hinter dem anderen Auge ein so starker Druck aufgebaut hatte, daß er dieses auch bald verlieren würde. Genau das passierte, kurz nachdem er mit seiner Familie wieder in die Vereinigten Staaten zurückgekehrt war. Die Blindheit ist schon ein hartes Los für einen Menschen, aber für Dr. Blair begannen die Schwierigkeiten jetzt erst richtig.

Ein paar Monate nachdem er sein zweites Auge verloren

hatte, starb seine Frau und hinterließ ihm eine behinderte Tochter, um die er sich kümmern mußte. Kurze Zeit später kam einer seiner Söhne bei einem Geländelauf mit giftigen Sträuchern in Berührung – auch er starb. Und zu guter Letzt wurde sein Blindenhund bei einem Autounfall schwer verletzt. Der zweite Sohn von Dr. Blair, der den Hund ausgeführt hatte, kam zum Glück bei dem Unfall mit dem Schrecken davon.

In dieser Nacht hörte Dr. Blair, wie der schwerverletzte Hund unter seinem Bett jaulte und jammerte. Er schrie zu Gott: „Oh Gott, kann ich nicht einmal meinen Hund behalten?“ Aber der Hund starb, und Dr. Blair organisierte die Beerdigung. Der Text, den er auswählte, lautete: „Der Herr hat's gegeben, der Herr hat's genommen; der Name des Herrn sei gelobt!“ Es war sehr bewegend.

Dieser Mann hatte einige der wertvollsten Dinge in seinem Leben verloren – sein Augenlicht, seine Frau, einen seiner Söhne und den Hund, der ihn geführt hatte. Völlig blind war er für die Pflege eines behinderten Kindes verantwortlich, dessen Pflege schon einen sehenden Menschen stark gefordert hätte. Trotzdem strahlte er immer noch Freude aus. Warum?

Einer der Gründe ist, daß Dr. Blair seine Erinnerungen weise genutzt hat. Er hat sich immer wieder an die Segnungen Gottes erinnert, denn er wußte, daß Gott, der ihn sechsmal nicht im Stich gelassen hatte, auch beim siebten Mal mit dabeisein würde. Und er gab den Segen Gottes, den er erfahren hatte, an Freunde und Bekannte weiter und sprach vor vielen Menschen davon.

Es ist seltsam, daß eine Landschaft im Rückspiegel manchmal atemberaubender aussieht als durch die Frontscheibe. Vielleicht liegt das daran, daß man beim Blick zurück dieselbe Szene von einem anderen Standpunkt aus betrachtet. – Genauso sind Erinnerungen. Wenn Sie Ihren Rückspiegel sauber halten und ihn richtig einsetzen, dann spüren Sie vielleicht, wie sich Ihr Geist an Dingen erfreut, die Sie eigentlich als bedrohlich und unerfreulich erlebt hatten.

Gewinnen Sie die Kontrolle über Ihre Vergangenheit, indem Sie zurückblicken und Ihre Erinnerungen anderen mitteilen.

Lassen Sie es nicht in sich schwelen wie ein Stück Holz auf dem Feuer, harken Sie es, und lassen Sie die glühenden Kohlen an die Oberfläche kommen. Reden Sie nicht nur über das, was Ihnen Mühe und Schwierigkeiten macht. Das möchte niemand hören. Die Menschen haben mit ihren eigenen Problemen genug zu tun. Wenn sie nicht auf Sie eingehen, weil Ihre Probleme sie langweilen, dann verstärkt das nur Ihr Gefühl der Einsamkeit und macht alles nur noch schlimmer. Gute Erinnerungen ergeben ein gutes Gespräch.

Nehmen Sie sich vor, jeden Tag an das zu denken, was Gott in Ihrem Leben schon an Segen gewirkt hat. Denken Sie dabei besonders an die Zeiten, in denen alles hoffnungslos erschien, und wo Gott Sie am Rande des Abgrunds aufgefangen hat. Diese Art sich zu erinnern, ist kein Leben in der Vergangenheit, weil diese Vergangenheit etwas mit der Gegenwart zu tun hat. Es ist ein dankbares Sicherinnern, das Ihnen für die Herausforderungen der Gegenwart frischen Mut gibt.

Denken Sie daran, daß Sie mit dieser Art der Erinnerung Gott ehren. Es fördert die Danksagung, die ihm gefällt, es frischt Ihr Gebetsleben auf, es fördert den Aufbau einer positiven Persönlichkeit und bringt Freude in Ihr Leben. Außerdem hilft es Ihnen, die Einsamkeit zu besiegen.

Ihre Sicht der Dinge

Sie sind mit Ihrer Gegenwart und Vergangenheit ins reine gekommen. Kommen Sie jetzt mit Ihrer Zukunft ins reine!

Lassen Sie mich noch einmal kurz auf das Beispiel mit der Autobahn zurückkommen, das ich im vorangegangenen Kapitel verwendet habe. Wir befinden uns alle auf der Straße des Lebens. Und in bestimmter Hinsicht sind wir als Christen alle zum selben Ziel hin unterwegs. Einige unter uns sind sich aber nicht ganz im klaren über die Route, die wir nehmen sollten. Wir benutzen keinen Atlas, sondern wir haben lässig die eine Hand am Lenkrad und lassen die andere aus dem Fenster baumeln, während wir verträumt in Richtung Horizont blicken. Wir denken, wenn wir den Fuß auf dem Gas lassen, wird uns das schon von allein ans Ziel bringen.

Vielleicht stimmt das auch, aber ich glaube, daß Gott klarere Vorstellungen hat. Er möchte, daß wir ankommen, bevor wir in seine Herrlichkeit eintreten. Diese klaren Vorstellungen Gottes kennenzulernen sollte unser erstes Ziel sein. Gott hat Sie nicht nur dazu berufen, gerettet zu werden. Er hat Ihnen auch einzigartige Möglichkeiten gegeben, eine Bestimmung, die Ihnen alleine gilt, und nur Ihnen. Das höchste Ziel Ihres Lebens ist es, diese Bestimmung zu entdecken und sie dann im eigenen Leben umzusetzen.

Sehen Sie sich Paulus an. Er hat über seine Arbeit als Apostel folgendes geschrieben: „Dies eine tue ich." Seien Sie ehrlich, wieviele von uns könnten das sagen? Wahrscheinlich müßten die meisten zugeben: „In diesen 50 Sachen pfusche ich herum." Eigentlich sollte uns die Erfahrung doch gelehrt haben, daß dieses Herumpfuschen uns eher frustriert, weil es sehr viel Energie kostet und wenig dabei herauskommt.

Was wir brauchen, ist eine klar umrissene Strategie, um unsere Zukunft zu organisieren, damit wir wissen, was wir damit tun wollen, wenn diese Zukunft zur Gegenwart wird. Es ist eine Strategie, über die die Menschen schon lange reden, ohne sich aber danach zu richten. Sie heißt: Zielsetzung.

Land gewinnen im Spiel um die Ziele

Christen sind manchmal ziemlich schlecht, wenn es darum geht, sich Ziele zu setzen. Vielleicht liegt das daran, daß sie denken, ihr Leben werde von außen gesteuert. Fragen Sie irgendeinen Christen, warum er keine Ziele hat, und er wird Ihnen wahrscheinlich antworten: „Ich warte auf den Herrn." Aber wie Dwight L. Moody einmal gesagt hat: „Es ist in Ordnung, auf den Herrn zu warten, wenn Sie sich beim Warten nur genug beeilen."

Viele unserer Begrenzungen hat nicht Gott uns mitgegeben, sondern wir haben sie uns selbst auferlegt, und durch die Einsamkeit werden sie noch verstärkt. Der einsame Mensch sieht seine Zukunft wie eine Wüste – kilometerweit nur rauhes Land, das er zu Fuß durchqueren muß. Wenn er sich als „Häßliches Entlein" fühlt, wird diese Aussicht sein Gefühl der Unfähigkeit noch verstärken. Er wird es vorziehen, das Problem zu ignorieren und seine Aufmerksamkeit statt dessen auf etwas anderes richten.

Wer ein klares Ziel vor Augen hat, der sieht viel mehr als nur wüstes Land vor sich. Für ihn sieht es so aus, als würde sich eine nagelneue Autobahn durch die Wüste schlängeln. Alles, was er tun muß, ist hingehen und diese Autobahn bauen. Sich Ziele zu setzen ist nicht einfach nur das Gegenteil der Trägheit, die durch die Einsamkeit hervorgerufen wird; es ist eine Möglichkeit, diese Trägheit zu überwinden. Es schließt die gesamte Persönlichkeit mit ein und stellt eine Ganzheit her, die auch die Gefühle miteinbezieht. Aber das Ganze muß erst in Schwung gebracht werden. Dazu sollten Sie bereit sein, an den beiden folgenden Dingen zu arbeiten.

Der einsame Mensch denkt zu allerletzt daran, Entscheidungen zu treffen, weil dies bedeutet, daß er sich für eine Möglichkeit und gegen alle anderen Alternativen entscheiden muß. Eine Entscheidung bedeutet für ihn, daß er mit seiner Welt von Trugbildern und Spekulationen brechen und der Realität ins Auge blicken muß. Diese Entschiedenheit ist lebenswichtig. Sie müssen Ihre gesamte Energie bündeln, wenn Sie die Zukunft in den Griff bekommen und die Einsamkeit besiegen wollen.

Als junger Mann hatte mein Bruder Ted einen furchtbaren Unfall. Eines seiner Augen wurde dabei verschoben. Die Ärzte versuchten, ihn zu behandeln, indem sie ihn Tag für Tag in etwas hineinschauen ließen, das wie ein alter Stereo-Bildbetrachter aussah. Er sollte sich dasselbe Bild zuerst mit dem einen Auge anschauen und dann mit dem anderen. Anschließend sollte er beide Augen gleichzeitig öffnen und versuchen, mit Hilfe eines Hebels beide Bilder übereinanderzubringen. Er sagte, sein Kopf wäre fast geplatzt, weil die Schmerzen unerträglich waren. Aber er hielt durch, weil die Ärzte ihm gesagt hatten, daß er sonst nach und nach sein Sehvermögen einbüßen würde. Seine Anstrengungen wurden belohnt; er konnte wieder richtig sehen.

Sich Ziele zu setzen ist, als würde man beide Augen auf denselben Gegenstand konzentrieren. Jesus hat darauf hingewiesen, wie wichtig es ist, „ein einziges Auge“ zu haben – eine klare Absicht, ein klares Ziel. Das gilt für unser ganzes Leben, nicht nur für die Bekehrung zu Christus. Jakobus schreibt folgendes: „Ein Zweifler ist unbeständig auf allen seinen Wegen.“ (Jakobus 1,8).

Gott will keine schwankenden und unentschlossenen Jünger. Er will entschlossene Männer und Frauen, die klare Ziele verfolgen und sie auch erreichen. Verstehen Sie mich nicht falsch – ich möchte hier nicht die Arbeitssucht verteidigen. Der Arbeitssüchtige ist von seiner Arbeit abhängig, weil er damit sein Minderwertigkeitsgefühl in anderen Bereichen seines

Lebens bekämpfen kann. Wenn sich jemand Ziele setzt, heißt das aber nicht, daß er vor etwas auf der Flucht ist. Er hat sich unter Kontrolle und setzt seine Möglichkeiten nach bestem Wissen und Gewissen dafür ein, das zu tun, wofür er die Verantwortung übernommen hat. Das bedeutet im Gegensatz zum Arbeitssüchtigen, daß er am Ende des Tages die Arbeit hinlegen kann, ohne sich dann einsam zu fühlen.

Wer sich Ziele setzt, muß diszipliniert sein

Man braucht einigen Mut, wenn man sich einem bestimmten Ziel verschreibt; denn es hat etwas Endgültiges an sich, wenn man sich entscheidet. Man muß sich der Verantwortung bewußt sein, und man muß bereit sein, über den Punkt hinauszugehen, an dem es kein Zurück mehr gibt. Aber wenn der Krieg einmal erklärt ist, dann muß er auch bis zum Ende geführt werden. Wer sich einmal ein Ziel gesetzt hat und darauf zugegangen ist, sobald Schwierigkeiten auftauchen aber das Ganze aufgibt, der wird keinen Erfolg haben. Natürlich ist das ein Risiko, aber das gehört dazu. Den Kampf gegen die Einsamkeit zu gewinnen, ist keine leichte Sache. Schon in dem Kapitel über die beiden entscheidenden Geheimnisse habe ich Sie gewarnt, daß Sie Disziplin brauchen werden. Jetzt ist es soweit.

Um sich in Selbstmitleid zu aalen, braucht man keine Disziplin. Sehr wenig Disziplin kostet es, wenn man versucht, die Einsamkeit auszuspielen, oder wenn man sich einer Schönheitsoperation unterzieht, wie ich es im vierten Kapitel beschrieben habe. Diszipliniert zu sein ist nicht leicht. Wenn Sie aber über die Disziplin nachdenken, die Sie brauchen, um sich selbst Ziele zu setzen, dann überlegen Sie, was Sie davon abhält.

Es kann sein, daß Sie *Angst* haben. Wer sich auf eine neue Art zu leben einläßt, der wird ungewohnten Dingen begegnen, das kann Angst machen. Es ist viel einfacher, morgen genau das zu tun, was Sie heute getan haben, ganz gleich, wie wenig befriedigend dieser Tag für Sie war. Besser dem Teufel begegnen, den Sie kennen, als einen treffen, der Ihnen noch unbekannt ist! Aber meinen Sie nicht, es wäre besser, überhaupt keinen Teufel zu treffen?

Vielleicht sind Sie zu *stolz.* Niemand gibt gerne zu, daß er unrecht hatte. Das aber bedeutet es, wenn man seinen Lebensstil ändert. Die Einsamkeit hat einen so negativen Beigeschmack, daß Sie vielleicht lieber sterben würden, als Ihren Freunden davon zu erzählen. Aber jetzt muß ich Sie fragen: Was wollen Sie eigentlich? – Möchten Sie die wirkungslosen Verteidigungsmechanismen Ihres eigenen Egos pflegen, oder wollen Sie in Freiheit leben? Stolz ist eine schlechte Entschuldigung für ein unglückliches Leben. Ihre Freunde wissen sowieso schon, daß Sie einsam sind. – Was haben Sie also zu verlieren?

Vielleicht sind Sie einfach nur *faul* – ja, faul. Viele erwachsene Menschen entwickeln eine Art von geistiger Trägheit. Sie mögen die Einsamkeit nicht, und sie scheuen sich eigentlich auch nicht vor neuen Gedanken und Erfahrungen, die ihnen helfen, darüber hinwegzukommen. Was sie zurückhält ist: Sie kommen einfach nicht auf den Gedanken, es zu versuchen. Ein unglückliches Leben ist nicht besonders angenehm, aber im Grunde genommen ist es ein freies Leben.

Noch einmal die Frage an Sie: Was wollen Sie? Bequemlichkeit oder Befreiung? Es liegt an Ihnen. Denken Sie daran, daß jemand, der sich Ziele setzt, mit der geistigen Trägheit nicht lange zu kämpfen hat. Wenn Sie einmal damit begonnen haben, sich Ziele zu setzen, wird sich Ihr gesamtes Denken verändern. Es ist wie Urlaub. Wenn Sie sich einmal aus dem Alltagstrott ausklinken, wird Ihr Geist lebendiger, spritziger und aufnahmebereiter – er wird dem Geist Christi ähnlicher. Und der Geist Christi ist lebendig, nicht verkümmert, strahlend, nicht langweilig, kreativ, nicht eingeengt, dynamisch, nicht dumpf, energiegeladen, nicht kraftlos.

Die Zielsetzung

Der Sieg über die Einsamkeit ist eigentlich nur eine Begleiterscheinung, wenn man es sich zu eigen macht, sich Ziele zu setzen. So sollte es auch sein, weil die Einsamkeit auch nur eine Begleiterscheinung ist – nämlich eines unorganisierten Lebens. Bekommen Sie Ihr Leben in den Griff, kommen Sie mit Gott, mit sich selbst und mit anderen ins reine – und die Einsamkeit verschwindet.

Wenn Sie sich Ziele setzen, dann eignen Sie sich damit nicht nur eine Strategie an, um mit kleinen emotionalen Durchhängern fertig zu werden; Sie revolutionieren damit Ihr gesamtes Leben.

Die Geschichte zeigt, daß Menschen, die sich klar umrissene Ziele setzen, auch erfolgreich sind. Man könnte auch sagen: Was die Erfolgreichen von den Erfolglosen unterscheidet, ist die Bündelung der geistigen Energie. Mit anderen Worten, das Geheimnis des Erfolges liegt nicht in den grauen Zellen, im Charme, in der Familie oder im eigenen Hintergrund, sondern in der Fähigkeit, alle Energie auf ein einziges, klar umrissenes Ziel hin zu lenken.

Ein großer amerikanischer Industrieller hat das einmal ganz praktisch ausgedrückt: „Legen Sie alle Ihre Eier in einen einzigen Korb, und dann passen Sie darauf auf, daß niemand gegen diesen Korb tritt."

Viele Errungenschaften unserer Gesellschaft können Menschen zugeschrieben werden, die in ihrem Leben klare Ziele verfolgt haben. Haben Sie schon einmal Töpferwaren der Firma Wedgwood gesehen? – Sie sind weltbekannt. Wußten Sie, daß der Gründer dieser Firma, Josiah Wedgwood, als er geboren wurde, arm und körperbehindert war? Er lebte in einer schmutzigen englischen Industriestadt namens Burslem, wo die Arbeiter wenig Geld verdienten und früh starben. Aber Josiah verliebte sich in seine wohlhabende Cousine Sarah. Er machte sich daran, sich die Aussteuer von ein paar tausend Pfund zu verdienen, damit er sie heiraten konnte.

Fünf Jahre lang arbeitete er in Sheffield, wo er sich einen

Ruf als außergewöhnlich guter Töpfer erwarb. Von dort schrieb er einen Brief an Sarah, in dem er ihr seine Pläne mitteilte: „Burslem mag immer noch ein Symbol sein für alles, was schön, aufrichtig und wahr ist; und ich habe beschlossen, der beste Töpfer zu werden, den England je gesehen hat." – Er hat sich selbst ein Ziel gesetzt.

Und tatsächlich, als er vier Jahre später in seine Heimatstadt zurückkehrte, hatte er mehr Geld verdient, als er für die Aussteuer benötigte, und so heiratete er Sarah. Nachdem er dieses Ziel erreicht hatte, steckte er sich das nächste. Gemeinsam mit seiner Frau machte er Burslem zu einem Zentrum der Kunst und zur Heimat der bekannten Töpfereiprodukte. Schließlich wurde Josiah zum Töpfer der Königin ernannt und wurde der reichste Mann seiner Zeit. Er hatte Erfolg, weil er sich Ziele gesetzt hatte.

Ein anderer Mann, der sich ebenso klare Ziele setzte, war Thomas Edison. Sie werden kaum einen Menschen finden, der sich so seiner Arbeit verschrieben hatte wie er. Ein Schriftsteller fragte Edison einmal: „Ist es wahr, daß Sie 10.000 Versuche mit elektrischem Licht gemacht haben, bis Sie Erfolg hatten?"

„Das stimmt", antwortete Edison.

„Wie erklären Sie sich, daß Sie beim 10.000. Experiment Erfolg hatten?"

„Ich habe stets damit gerechnet, daß es Mißerfolge geben würde."

„Wenn Sie auch beim 10.000. Mal keinen Erfolg gehabt hätten, was hätten Sie dann getan?"

„Ich hätte es weiter versucht," sagte Edison, „anstatt meine Zeit damit zu verschwenden, mit Ihnen darüber zu reden."

Vielleicht denken Sie, ich greife ein wenig zu weit, wenn ich das Prinzip der Zielsetzung mit Beispielen von solch großen Leuten wie Edison und Wedgwood verdeutliche. Erwarte ich von meinen Lesern wirklich, daß sie so erfolgreich sind wie sie? – Ja, das tue ich.

Natürlich ist nicht jeder in der Lage, das zu tun, was diese Männer getan haben. Ihr Ziel sollte auf Ihre eigenen Fähigkeiten und Begabungen zugeschnitten sein. Wenn Sie Büroangestellter sind, dann würde ich Ihnen nicht raten, sich Ziele im Bereich der Quantenphysik zu setzen.

Aber auch, wenn Ihre Gaben in einem bescheideneren Bereich liegen als in der modernen Wissenschaft oder auf den Führungsetagen der Politik, sollten Sie sich nicht davon abhalten lassen, sich ebenso hohe Ziele zu setzen. Mit Gottes Kraft sind die größten Pläne realisierbar.

Ich will Ihnen von einem Mädchen erzählen, ihr Name ist Hattie Wiatt. Sie war noch ein kleines Mädchen und lebte Ende des letzten Jahrhunderts. Gemeinsam mit ihrer Familie gehörte sie zu einer Baptistengemeinde in Philadelphia. Ihre Gottesdienste feierten sie in einem baufälligen alten Haus. Nach und nach wuchs die Gemeinde, bis Hattie Wiatt eines Tages nicht mehr durch die Tür kam, weil eine so große Menschenmenge den Gottesdienst besuchen wollte. Mit Tränen in den Augen kehrte sie nach Hause zurück. Ihrer Mutter erzählte sie, daß viele ihrer Freunde nicht zum Kindergottesdienst gehen konnten. „Mutti", sagte sie, „wir brauchen eine größere Kirche."

Wenige Wochen später wurde Hattie Wiatt krank. Sie litt an der Schwindsucht, und drei Monate später war sie tot. Der Pfarrer der Gemeinde hielt die Traueransprache. Aber als er gerade die Kanzel besteigen wollte, kam Hatties Mutter auf ihn zu, mit einem kleinen, abgewetzten Portemonnaie in der Hand und gab es ihm.

Der Pfarrer öffnete das Portemonnaie und fand darin 57 Pennys und einen Zettel, auf dem stand: „Für unsere neue Kirche."

Der Pfarrer wußte, was für ein Opfer diese Gabe war. Er wußte auch, wie groß der Unterschied war zwischen diesen 57 Pennys und der Summe, die der Neubau einer Kirche kosten würde. Aber dieses kleine Kind hatte sich ein Ziel gesetzt, das erreicht werden sollte. Der Pfarrer berichtete der Gemeinde von dieser Gabe, und alle waren bewegt. Sie begannen zu geben, wie sie nie zuvor gegeben hatten. Männer, die ihren Lohn nach Hause brachten, legten Geld auf die Seite.

Vier Jahre später zog die Gemeinde in eine der schönsten

Kirchen der ganzen USA ein. Das Opfer dieser Männer und Frauen und die Vision des kleinen Mädchens hatten das möglich gemacht. Die Akustik in dieser Kirche war besser als in den meisten Konzerthallen. Jeweils 9.000 Besucher konnten einem der Gottesdienste am Vormittag beiwohnen. Und schon am Tag der Einweihung war das Gebäude schuldenfrei.

Die Geschichte ist hier noch nicht zu Ende. Der Pfarrer hatte sich von Hattie Wiatt zu einer besonderen Predigt über den Schatz im Acker inspirieren lassen. Er hielt diese Predigt insgesamt 6.000 Mal und sammelte dabei über neun Millionen Dollar. Mit diesem Geld konnte er eine Universität gründen und ein Krankenhaus einrichten. Eine Kirche, eine Universität und ein Krankenhaus – und das alles für 57 Pennys. Wer hätte gedacht, daß ein Ziel, das sich ein sechs Jahre altes Mädchen gesetzt hat, solche Auswirkungen haben würde?

Die Geschichte von Hattie ist mir vertraut, weil ich etwas ähnliches erlebt habe. Im Alter von zehn Jahren habe ich mein Leben der Chinamission verschrieben. Der Krieg hielt mich davon ab, dieses Ziel so zu verfolgen, wie ich mir das eigentlich vorgestellt hatte. Meine Möglichkeiten haben sich zwar verändert, aber das Ziel ist gleichgeblieben. Heute ist mein Traum durch das Haggai Institut in Erfüllung gegangen. Bis Ende 1987 wurden hier mehr als 5.000 geistliche Leiter aus mehr als 100 Ländern der Erde ausgebildet, die ihr Wissen zu Hause an rund 700.000 Menschen weitergegeben haben. Darunter sind mehr Chinesen, als ich selbst je als Missionar in China hätte erreichen können.

Zielsetzung – die Technik

Eine einfache Formel kann Ihnen weiterhelfen: Entscheiden Sie, was Ihnen mehr als alles andere am Herzen liegt! Schreiben Sie auf, mit welchen Mitteln Sie dieses Ziel erreichen wollen. Dann erlauben Sie nichts und niemandem, Sie von diesem Ziel abzubringen.

In vier Schritten läßt sich dies umsetzen:

1. Setzen Sie sich feste Ziele und überprüfen Sie sie täglich. Sie haben Glück, denn Sie leben in einer Zeit, in der man sich eine Unmenge verschiedener Ziele vornehmen kann, aber das kann auch zu Schwierigkeiten führen. Vielleicht sagen Sie jetzt: „Ich kann mich nicht entscheiden, mir sind so viele Dinge wichtig." Wenn das so ist, seien Sie erbarmungslos. Sie werden viele verschiedene kurzfristige Ziele erreichen, aber nur ein einziges großes Ziel in Ihrem Leben verwirklichen können. Nehmen Sie sich also Zeit, zu entscheiden, welchen übergeordneten Sinn Sie Ihrem Leben geben wollen. Welches allumfassende Ziel möchten Sie in Ihrem Leben erreichen?

Den größten Teil des Jahres 1958 habe ich damit verbracht, darüber nachzudenken, welches Ziel mein Leben haben sollte. Dabei erlebte ich frustrierende Momente. Eines Tages aber, es war in der letzten Novemberwoche, kam ich zu einem glücklichen Schluß. Wenn ich jetzt zurückblicke, dann halte ich diese Zeit für eine der wertvollsten Investitionen meines Lebens.

Ich hatte ein klar umrissenes Ziel ins Auge gefaßt, und das half mir später durch schwere Zeiten hindurch. Ich erinnere mich, daß ich zweimal am Rande einer Katastrophe stand. Es schien, als wären alle Türen verriegelt und mein ganzes Unternehmen zum Scheitern verurteilt. Doch weil ich immer mein Ziel vor Augen hatte und weil ich gewiß war, daß Gott mir zur Seite steht, konnte ich mit einem Lächeln auf den Lippen weitermachen.

Es ist wichtig, daß Sie ein schöpferisches Ziel ansteuern. Machen Sie es sich mit Gottes Hilfe zu eigen. Sie sind ein besonderer Mensch mit ganz besonderen Gaben, Eigenschaften und Einsichten, die niemand anderer besitzt; bringen Sie also diese göttlichen Gaben mit ins Spiel.

Vielleicht können Sie Ihr größtes Ziel zu Ihrer Lebensaufgabe machen, ebenso wie ich es gemacht habe. Ein Pfarrer kann sich zum Ziel setzen, seinen Predigtstil zu perfektionieren, und ein Künstler kann sich vornehmen, seine Technik zu verfeinern. Viele andere Möglichkeiten stehen auch Ihnen offen.

Sie müssen sich nicht allein in Ihrem Beruf ein Ziel setzen

oder in der Art und Weise, wie Sie Ihren Beruf ausüben. Auch außerhalb Ihrer täglichen Arbeit können Sie sich eine bestimmte Sache vornehmen. Paulus hat sich zum Beispiel seinen Lebensunterhalt damit verdient, daß er Zelte gemacht hat. Seine wahren Ziele aber hat er in seiner Freizeit verfolgt. Denken Sie daran, was als Freizeitbeschäftigung beginnt, kann so stark anwachsen, daß es einmal Ihren ganzen Tag in Anspruch nimmt.

Wichtig ist, daß Sie Ihre Prioritäten festlegen und sich darauf konzentrieren. Eine tägliche Bestandsaufnahme ist hilfreich, weil es Sie aufmuntert und Ihre Aufmerksamkeit auf die wirklich wichtigen Dinge lenkt. Setzen Sie sich also Ziele, und Sie werden merken, daß Ihr Leben mehr Schwung und Dynamik bekommt.

Wahrscheinlich werden Sie gar keine Zeit mehr haben, um in Einsamkeit zu versinken, auch wenn Sie sich ausgegrenzt fühlen. Der Grund ist, daß Ihr Leben aufregend und herausfordernd geworden ist, weil Sie sich ein Ziel gesetzt haben.

Auch sehr erfolgreiche Menschen verlieren manchmal dieses Gefühl, herausgefordert zu sein. Sehen Sie sich John D. Rockefeller an. Als er um die fünfzig war, war er krank und gelangweilt. Dann schlug ein Pfarrer ihm vor, er solle sich in sinnvollen Projekten engagieren und wichtige Initiativen unterstützen, die Gott ehrten und den Menschen Segen brächten.

Er folgte diesem Rat und machte das zu seinem Ziel. Am Ende seines Lebens hatte er 232 Millionen Dollar gespendet – nach heutiger Rechnung fast drei Milliarden DM. Sein Leben hatte eine neue Dimension bekommen, und er wurde als glücklicher Mensch mehr als 90 Jahre alt.

2. *Setzen Sie sich einen zeitlichen Rahmen!* Ziele, die nicht zeitlich gebunden sind, neigen dazu, nicht verwirklicht zu werden. Räumen Sie deshalb für jedes Ihrer Ziele einen bestimmten Zeitraum ein, in dem Sie vorhaben, das zu Ende zu bringen, was Sie sich vorgenommen haben. Ein großes Projekt wird Sie überwältigen, wenn Sie nicht zwischendurch feststel-

len können, welche Fortschritte Sie machen. Teilen Sie die Arbeit deshalb in verschiedene Schritte auf. Wenn Sie einen solchen Schritt geschafft haben, dann wird das Ihr Vertrauen fördern und Ihnen ein Gefühl für Ihre Fähigkeiten geben.

Vor einigen Jahren erzählte ein Fernsehmoderator, daß er während des Zweiten Weltkrieges an einem langen Marsch teilgenommen hatte, bei dem er Blasen an den Füßen bekam. Er mußte so lange marschieren, daß er es nur ertragen konnte, indem er immer nur an den nächsten Schritt dachte. Für den Rest seines Lebens war ihm diese Geschichte ein Gleichnis. Er sagte, hätte ihm jemand prophezeit, wieviele Worte er in den nächsten 25 Jahren schreiben würde, dann hätte er das für unmöglich gehalten. Aber indem er einen Kommentar nach dem anderen verfaßte, schrieb er im Lauf der Jahre so viel, daß man damit ganze Lexikonbände hätte füllen können.

In jungen Jahren hatte ich mir angewöhnt, die Bibelstellen auswendig zu lernen, über die ich im Gottesdienst oder in der Kinderstunde zu sprechen hatte. Sah ich den ganzen Text vor mir, dann dachte ich, ich würde es innerhalb einer Woche nicht schaffen können. Aber als ich dann die Texte in sechs Abschnitte unterteilte und mir für jeden Tag einen Abschnitt vornahm, schaffte ich es immer, mir den ganzen Text bis zum Sonntag einzuprägen. Ich kann schwer in Worte fassen, welchen Segen mir das gebracht hat. Mein Denken wurde dadurch gefestigt, und ich ließ mich so begeistern, daß meine Zuhörer vom Geist Gottes bewegt wurden, sogar dann, wenn ich das, was ich eigentlich sagen wollte, nicht richtig in Worte fassen konnte.

Diese Phase meines Lebens zeigt aber auch, in welche Schwierigkeiten man geraten kann, wenn man sich mehr auf sich selbst als auf Gott verläßt.

Bei meiner ersten Pfarrstelle hatte ich immer noch mit einem starken Minderwertigkeitsgefühl zu kämpfen. In den ersten beiden Jahren wollte ich jeden Montag morgen kündigen, so unzufrieden war ich mit meiner Arbeit vom Vortag. Ob ich einsam war? – Ich fühlte mich sogar von mir selbst isoliert. Das ging sogar so weit, daß ich meine Berufung zum Pfarramt in Frage stellte und begann, mich nach einer anderen Arbeit umzusehen.

Aber als ich einmal richtig darüber nachdachte, erkannte ich, daß das alles ein Trick des Teufels war. Er ist ein Meister im Entmutigen. Seine Zielscheibe war nicht mein Dienst, sondern er hatte einfach die Frage in den Raum gestellt, ob ich würdig genug bin, diesen Beruf auszuüben. Damit hatte er recht, ich war tatsächlich nicht würdig genug für diesen Beruf; Gott ist es, der die Gaben schenkt. Daß ich meine Berufung vermasselt hatte, war unwichtig; Gott hatte mich zu dieser Arbeit immer noch berufen. Es war sein Plan mit mir, und er gab mir die Kraft, diesen Plan auch auszuführen.

Meine wöchentlichen Ziele hatte ich immer wieder überprüft – das Problem war nur, daß ich zu sehr auf meine Schwäche konzentriert war. Ich sah mich als „Häßliches Entlein“, und das entmutigte mich. Mit den Worten aus dem Kapitel über die zwei entscheidenden Geheimnisse gesprochen, hatte ich zwar gelernt, diszipliniert zu sein, aber ich hatte mich nicht abhängig gemacht.

Machen Sie nicht denselben Fehler!

3. Führen Sie eine Kreativliste! Das bedeutet: Teilen Sie Ihr großes übergeordnetes Ziel in viele kleine kurzfristige Projekte auf. Es ist ein wunderbares Mittel gegen Einsamkeit, weil es Ihre Gedanken gefangennimmt. Wenn Sie Ihr Ziel festgelegt haben, dann beginnen Sie damit, die Schritte zu diesem Ziel hin in jährliche, monatliche, wöchentliche und tägliche Zeitpläne aufzuteilen. Teilen Sie auch jeden einzelnen Tag auf.

Solche Planungen werden Zeit kosten. Machen Sie sich darüber keine Sorgen, ein paar Tage wohlüberlegtes Planen werden sich als gute Investition erweisen. Denken Sie nicht, daß Sie sich bis ins kleinste an diesen Plan halten müssen. Manchmal ändern sich die äußeren Gegebenheiten, deshalb müssen Sie Ihren Plan flexibel gestalten. Ein Fahrrad läßt sich leichter lenken, wenn es rollt. Genauso verhält es sich auch mit einem Plan: Die Feinabstimmung fällt leichter, wenn man mit der Umsetzung schon begonnen hat.

Bitten Sie Gott immer wieder um Führung. Vertrauen Sie auf den Heiligen Geist, den Geist der Wahrheit, der Ihnen den Plan erläutert. Wie der Psalmist geschrieben hat: „Der Herr lenkt die Schritte der Gerechten." Sie könnten auch sagen, daß Gott Stoppschilder auf dem Weg eines gerechten Menschen aufstellt. Seien Sie also darauf vorbereitet, daß Gott eingreift.

Wenn Sie eine tägliche Kreativliste anfertigen, dann werden Sie mit der Frage nach Ihren Prioritäten konfrontiert werden. Da nicht alle Bereiche Ihres Lebens gleich wichtig sind, schlage ich vor, Sie folgen dem Ratschlag eines Mannes, der auch als „Amerikanischer Zeit-Zar" bekannt geworden ist, Alan Lakein.

Was er vorschlägt, ist keine schwere Übung. Er sagt, daß man einfach aufschreiben soll, was man zu tun hat, und diese Dinge dann in drei Kategorien einteilen: A, B und C. Das wird Ihnen helfen, sich auf die wirklich wichtigen Dinge zu konzentrieren. Wenn Sie möchten, können Sie jede Gruppe noch einmal für sich unterteilen, zum Beispiel in A1, A2, A3 und so weiter. Was Sie an einem Tag nicht geschafft haben, planen Sie für den nächsten ein. Es ist nicht schlimm, wenn Sie nicht alles schaffen, was Sie sich vorgenommen haben, aber dafür wissen Sie, daß Sie Ihren Prioritäten gerecht geworden sind.

Vielleicht denken Sie, eine solche Kreativliste zu erstellen sei so, als würde man aus einem Maulwurfshügel einen Berg machen. Ist es nicht wirklich ein bißchen zu extrem, wenn man mit Kleinigkeiten so geschäftsmäßig umgeht? Doch denken Sie einmal nach: Keiner von uns hat täglich mehr als 24 Stunden zur Verfügung. In diesen 24 Stunden nehmen wir uns alle ungefähr gleichviel Zeit zum Schlafen, Essen, Arbeiten, Anziehen und Beten. Addieren Sie die Zeit, die Sie für diese grundlegenden Dinge benötigen, und ziehen Sie die Summe von 24 Stunden ab, jetzt bleiben Ihnen ungefähr zwei Stunden zur freien Verfügung. Wenn Sie erkennen, daß es für den Erfolg oder Mißerfolg Ihres Lebens entscheidend ist, wie Sie diese zwei Stunden verbringen, dann wird die Kreativliste auf einmal sehr wichtig.

Die kreative To-Do-Liste hat noch einen weiteren Vorteil:

Sie hilft Ihnen, gegen Minderwertigkeitsgefühle anzugehen, weil Sie sich Ihrer Berufung sicher sein können. Wenn Sie sie nutzen, werden Sie nach und nach das Gefühl bekommen, daß Sie etwas wertvolles leisten, etwas, das ganz allein Ihre Aufgabe ist. Sie verlassen die triste Einöde der Einsamkeit und erklimmen die höchsten Gipfel aufregender Produktivität. Ihr Leben hat einen Sinn, ein Ziel und eine Dynamik. Niederlagen sind keine Niederlagen mehr – nur kurze Rückschläge. Hin und wieder kommen Sie vom Weg ab, aber im großen und ganzen gehen Sie stetig voran.

4. Setzen Sie Ihre Startbahn auf 21 Tage fest! Viele Psychologen sind zu dem Schluß gekommen, daß man mindestens drei Wochen braucht, um sich ein neues Verhaltensmuster anzugewöhnen. Deshalb müssen Sie zumindest in den ersten 21 Tagen absolut konsequent sein. Stellen Sie sich diese 21 Tage als eine Startbahn vor, ohne die Sie nicht abheben können.

Überspringen Sie keinen einzigen Tag! Ich erinnere Sie daran, daß Sie sich eine bestimmte Zeit in der Woche freihalten sollten, zum Beispiel am Freitag nachmittag oder am Samstag, um auf die vergangene Woche zurückzublicken und sich auf die nächste Woche vorzubereiten. Solche Rückblicke sind nötig. Halten Sie sich daran, vorausgesetzt, Sie werden dadurch neu gestärkt und motiviert, Ihr Ziel zu erreichen.

Wenn Sie am Morgen Ihre Stille Zeit abgeschlossen haben, setzen Sie sich hin, überprüfen Ihre Ziele und gehen dann Ihre Kreativliste durch. Anschließend planen Sie den kommenden Tag. Wenn möglich nehmen Sie sich am Ende des Tages ein wenig Zeit – am besten kurz vor dem Schlafengehen –, um über Ihre Fortschritte nachzudenken und Ihre Pläne auf den neuesten Stand zu bringen. Dann wäre es noch hilfreich, wenn Sie einmal im Monat einen ganzen Tag zur Bestandsaufnahme und weiteren Planung nutzen. Auf den ersten Blick scheint das eine furchtbare Zeitverschwendung zu sein, aber ich verspreche Ihnen, daß Sie um so mehr erfreuliche Ergebnisse erzielen werden, je mehr Zeit Sie sich zur Planung nehmen.

Ich rate Ihnen, zu keinem Zeitpunkt mit anderen Menschen

über Ihre Ziele zu sprechen. Ein Grund hierfür ist, daß das Reden über diese Ziele eine ebenso befreiende Wirkung hat wie das Verwirklichen. Das aber schwächt Ihre Bemühungen. Ein anderer Grund ist, daß Menschen, die selbst keine Ziele haben, Sie mit größter Wahrscheinlichkeit entmutigen werden. „Oh, das habe ich auch mal versucht", werden sie sagen, „aber jetzt bin ich realistisch geworden." Sie können auch ohne solche Tiefschläge leben, also reden Sie nicht zuviel über Ihr Vorhaben.

Es ist völlig gleichgültig, was andere sagen. In Johannes 21, wo Jesus Petrus einen bestimmten Auftrag gibt, lesen wir, daß Petrus ihm als erstes über die Schulter schaut und fragt: „Herr, was wird aber mit diesem?"

„Was geht es dich an?" antwortet Jesus. „Folge du mir nach!"

Mit anderen Worten: Versuchen Sie nicht den Sinn Ihres Lebens zu entdecken, indem Sie über die Erfahrungen der anderen Menschen nachdenken. Sie sind ein einzigartiges Individuum. Niemand ist wie Sie. In Gott haben Sie ein überreiches Leben, und Sie haben eine besondere Berufung.

Zum Schluß dieses Kapitels möchte ich Sie daran erinnern, daß Ihre besondere Berufung Teil einer anderen Berufung ist, die allen Christen gemeinsam gilt: Das allumfassende Ziel, Christus ähnlich zu werden. Keines Ihrer eigenen Ziele sollte diesem lebenswichtigen Ziel widersprechen oder ihm im Wege stehen. Tatsächlich gibt Ihnen gerade dieses übergeordnete Ziel, Christus ähnlicher zu werden, die Kraft und Inspiration, um Ihr eigenes Lebensziel zu verwirklichen. „Laßt uns ... aufsehen zu Jesus, dem Anfänger und Vollender des Glaubens."

Es wird gesagt, daß Präsident Roosevelt, wenn er nicht mehr weiterwußte, sich in seinen Schaukelstuhl setzte und das Bild Abraham Lincolns betrachtete, das in seinem Büro hing. Dann fragte er sich für gewöhnlich: „Was hätte er wohl getan?" Das hat meist geholfen. Dasselbe gilt für uns, nur, daß wir nicht vor dem Bild eines toten Präsidenten meditieren, sondern in der Gegenwart des lebendigen Gottes!

Vierter Teil:

Kommen Sie mit anderen ins reine

Die Grundlage

Ziel dieses Buches war es, daß Sie mit anderen ins reine kommen – das ist Gottes Antwort auf die Einsamkeit. Wenn Sie aber zuerst diese Seiten aufschlagen, ohne von vorne gelesen zu haben, dann muß ich Sie warnen. Der Sieg über die Einsamkeit ist in drei Schritte unterteilt, und der dritte baut auf den beiden anderen auf. Das ist wie bei einem Reiter, der im Sattel sitzt, der auf dem Pferd liegt. Haben Sie je versucht, ohne Sattel und ohne Pferd zu reiten? – Vergessen Sie es. Blättern Sie zurück und fangen Sie von vorne an!

Alle anderen, die dieses Buch von Anfang an gelesen haben, können jetzt ihr Gedächtnis auffrischen. Die Formel für Ihren Sieg über die Einsamkeit lautet folgendermaßen:

▷ Kommen Sie mit Gott ins reine.
▷ Kommen Sie mit sich selbst ins reine.
▷ Kommen Sie mit anderen ins reine.

Wer mit Gott ins reine kommen möchte, muß sich zuerst angewöhnen, dankbar zu sein. Dann müssen Sie Stille Zeiten einplanen und lernen, zufrieden zu sein. Mit sich selbst ins reine zu kommen, heißt, mit der eigenen Vergangenheit, Gegenwart und Zukunft klarzukommen. Mit anderen Worten: Kontrolle über die Gedanken, über die Erinnerungen und eine klare Zielsetzung gewinnen.

Wozu habe ich Sie in den ersten beiden Abschnitten ermutigt? Im Grunde habe ich Sie gebeten, die grundlegenden Veränderungen durchzuführen, die Sie zu einem Menschen machen, der in der Lage ist, die Einsamkeit zu überwinden. Deshalb sind diese beiden Stufen so wichtig.

Wenn ein Stuntman einen todesmutigen Sprung über 20 Autobusse wagt, dann muß er erst einmal schnell genug werden. Genauso wichtig ist es für Sie, zuerst mit sich selbst und mit Gott ins reine zu kommen, bevor Sie die Einsamkeit besiegen können. Aller Wahrscheinlichkeit nach sind Schwierigkeiten in Ihrer Beziehung zu Gott oder zu sich selbst die eigentliche Ursache dafür, daß Ihre Beziehungen zu anderen Menschen zerstört sind und daß Sie ein einsamer Mensch wurden.

Jetzt, wo wir zum Ende des Buches kommen, möchte ich, daß Sie eine Bestandsaufnahme machen. Sie haben einen langen Weg hinter sich. Dreiviertel des Berges haben Sie schon erklettert, und Sie stehen kurz vor dem Ziel. Jetzt ist es wichtig, daß Sie prüfen, ob Ihre Ausrüstung in Ordnung ist und daß Sie genau verstehen, welche Aufgabe vor Ihnen liegt. Freunde zu gewinnen ist wie Bergsteigen, in beiden Fällen ist es wichtig, die richtige Einstellung und die richtige Technik zu haben. Auch in der Bibel finden wir klare Aussagen dazu.

Das Prinzip des Dienens

Menschen neigen dazu, Beziehungen aus folgendem Blickwinkel zu betrachten: Was bringt es mir?

Jeder sucht nach Erfüllung, Zufriedenheit, Liebe und Anerkennung. Mir wird jeder zustimmen, wenn ich sage, daß man ebensoviel geben muß, wie man bekommt. Aber das, was zwischen den Menschen passiert, gleicht den finanziellen Transaktionen zwischen verschiedenen Firmen: Ein Vertrag muß Profit abwerfen, sonst wird einer der Partner schnell aussteigen wollen. Wir geben und erwarten, daß wir etwas zurückbekommen. Die Folge ist, daß Beziehungen zerbrechen, wenn ein Partner etwas fordert, das der andere für unangemessen hält, oder wenn der eine immer wieder um einen Gefallen bittet, ohne selbst etwas dafür zu geben. Ein beliebiges Beispiel: Sex als die Bezeugung von Liebe ist gut und stärkt eine Ehe, aber sobald der Mann seine Rechte einfordert, ohne seiner

Frau im Gegenzug Liebe und Respekt entgegenzubringen, zerbricht die Beziehung, und die Ehe gerät in Gefahr.

Wenn Beziehungen bereits zerbrochen sind, dann steht meist das Bedürfnis, etwas zu bekommen, im Vordergrund. Jeder von uns hat schon einmal einen Bettler getroffen, der Geld wollte. Wenn er sich gut fühlt, dann versucht er zuerst, Sie in ein Gespräch zu verwickeln. Wenn nicht, dann bittet er gleich um Geld. Sie sind für ihn kein Gegenüber mehr, sondern nur noch eine Geldquelle. Das Trinken ist natürlich nicht die einzige Ursache für ein solches Verhalten. Es gibt viele andere, und eine davon ist die Einsamkeit.

Ist Ihnen schon aufgefallen, daß die Einsamkeit Sie dazu führt, mehr von anderen Menschen zu erwarten – von ihrer Zeit, ihrer Aufmerksamkeit, ihrer Großzügigkeit? Nicht, daß Sie völlig selbstsüchtig wären. Doch weil Sie einsam sind, sind Sie sich Ihrer eigenen Bedürfnisse sehr viel bewußter geworden. Das hat zur Folge, daß es Ihnen schwerfällt, eine ausgewogene Balance zwischen Geben und Nehmen zu finden. Vielleicht haben Sie den Ruf, ein Schwätzer zu sein (Sie wollen, daß sich andere für Sie Zeit nehmen) oder ein Einzelgänger (Sie fordern Anerkennung).

Die Antwort auf diese persönliche Folge der Einsamkeit – die Sie wahrscheinlich als erstes beseitigen wollen – finden wir in der Bibel. Sehen Sie sich Christus an: Ein Mann, umgeben von schwierigen Menschen – kranken, feindlich gesinnten, zynischen und unwissenden. Zuweilen machten sich sogar seine Jünger mehr Sorgen über ihren zukünftigen Rang im Himmel als über die Ausbreitung des Evangeliums auf der Erde. Trotzdem findet man bei ihm keinen Hinweis darauf, daß er einsam war. Warum nicht? – Ich glaube, die Antwort liegt darin, wie er auf andere Menschen zuging. Eine Eigenschaft, die er zu einem Prinzip der christlichen Nachfolge machte.

Lesen Sie die Evangelien, und Sie werden etwas bemerkenswertes feststellen: Jesus forderte nichts von anderen Menschen.

„Der Größte unter euch soll sein wie der Jüngste, und der

Vornehmste wie ein Diener. Denn wer ist größer: Der zu Tisch sitzt oder der dient? Ist's nicht der, der zu Tisch sitzt? Ich aber bin unter euch wie ein Diener." (Lukas 22, 26.27).

Fragen Sie sich selbst: Sind Sie jemand, der bedient wird, oder dienen Sie? Wenn Sie zu denen gehören, die bedient werden, dann sind Sie in Gefahr. Der Grund hierfür ist offensichtlich. Wer sich bedienen läßt, der ist abhängig davon, daß andere ihm dienen. Vielleicht verfügen Sie über eine gewisse „Größe", die dazu ermuntert, Ihnen zu dienen. Aber das Dienen selbst haben Sie nicht unter Kontrolle, und das macht Sie angreifbar. Was passiert, wenn Sie aus dem Rampenlicht heraustreten und in die Garderobe gehen? – Kein Medienrummel mehr, keine Galadiners, keine reservierten Parkplätze oder wartenden Limousinen.

Viele Menschen, die ihr ganzes Leben lang bedient wurden, sind im Alter einsam und verlassen. Nur wenige Bewunderer aus früheren Zeiten kommen noch zu Besuch. Kritisch wird es dann, wenn ein Mensch, der es gewohnt ist, sich bedienen zu lassen (durch Lob, Anerkennung, Respekt, Bewunderung und Gehorsam), sich die Dienste anderer Menschen nicht mehr leisten kann. Nicht einmal der reichste Mensch kann sich sicher sein, daß man ihm bis an sein Lebensende dienen wird.

Im Gegensatz dazu ist das Schöne am Dienen, daß man es bis an sein Lebensende tun kann. Niemand wird es ablehnen, sich von Ihnen dienen zu lassen, wenn Sie sich freundlich und zurückhaltend anbieten. Sie werden auch nie in eine Situation kommen, in der es unmöglich ist zu dienen.

Stellen Sie sich vor, Sie liegen mit gebrochenem Bein im Krankenhaus. Sie können trotzdem die anderen Patienten ermutigen, dem Personal helfen oder einfach nur lächeln. Solche kleinen Dienste – Zuvorkommenheit, Freundlichkeit, Dankbarkeit – sind sehr wichtig, weil sich andere Menschen dadurch besser fühlen. Im Gegenzug kommt Ihnen das auch wieder zugute, weil die großzügigsten Menschen am beliebtesten sind.

Jesus hat jedoch nicht dazu aufgerufen, denen zu dienen, die dafür dankbar sind (das würde jeder tun – es ist das alte

Spiel von Geben und Nehmen), sondern er verstand den Dienst am andern als einen Grundsatz, den man ohne Wenn und Aber auch in den schlimmsten Situationen umsetzen sollte.

„Ihr habt gehört, daß gesagt ist: ‚Du sollst deinen Nächsten lieben und deinen Feind hassen'. Ich aber sage euch: Liebt eure Feinde und bittet für die, die euch verfolgen. Segnet, die euch fluchen, tut wohl denen, die euch hassen, und bittet für die, die euch beleidigen und verfolgen ... Denn wenn ihr liebt, die euch lieben, was werdet ihr für Lohn haben? Tun nicht dasselbe auch die Zöllner? Und wenn ihr nur zu euren Brüdern freundlich seid, was tut ihr besonderes? Tun nicht dasselbe auch die Heiden?" (Matthäus 5,43.44.46.47).

Dienen Sie Ihren Zeitgenossen

Ein wunderbares Beispiel für ein dienendes Leben zeigt uns die Bibel in der Person Davids. Könnte sich jemand eine schönere Grabinschrift ausdenken als die, die Paulus diesem Mann bei einer Predigt in Antiochien gab:

„Denn nachdem David zu seiner Zeit dem Willen Gottes gedient hatte, ist er entschlafen und zu seinen Vätern versammelt worden und hat die Verwesung gesehen." (Apostelgeschichte 13,36).

Was können wir von David lernen? – Zuallererst, daß er Gott trotz seiner Minderwertigkeitsgefühle gedient hat. Er wurde nicht als Adliger geboren und hatte nicht einmal eine richtige Ausbildung. Seine Kindheit hatte er damit verbracht, sich um das Vieh seines Vaters zu kümmern, aber in diesen Jahren hat er eine wichtige Lektion gelernt. Als er dann mit einer Botschaft seines Vaters in das Lager der Israeliten kam und sah, daß die israelitischen Krieger zitternd einem Riesen namens Goliath gegenüberstanden, da warf er seine Minderwertigkeitsgefühle einfach über Bord.

Den Schlüsselvers zu dieser Begebenheit finden wir in 1. Samuel 17,45. David wurde nicht sehr ermutigt. Als er seine älteren Brüder fragte, warum niemand die Herausforderung des Riesen zum Zweikampf angenommen hatte, da verscheuchten sie den Unruhestifter. König Saul, dem sich nicht eben viele Männer für den Zweikampf angeboten hatten, nahm das Angebot Davids an, aber er wollte seine Schwäche ausgleichen, indem er ihn mit königlichen Waffen ausstattete und ihm eine schwere Rüstung gab. David lehnte ab, denn er wollte nicht in einer Sardinenbüchse kämpfen. Er brauchte keine königlichen Waffen, weil in dieser Situation nicht der kleine, unfähige David kämpfen sollte. Lesen Sie, was er auf Goliaths Herausforderung antwortete:

„David aber sprach zu dem Philister: Du kommst zu mir mit Schwert, Lanze und Spieß, ich aber komme zu dir im Namen des Herrn Zebaoth, des Gottes des Heeres Israels, den du verhöhnt hast. Heute wird dich der Herr in meine Hand geben ... denn der Krieg ist des Herrn, und er wird euch in unsere Hände geben." (1. Samuel 17,45-47).

Den Rest der Geschichte muß ich Ihnen nicht erzählen. Wenn Sie dennoch nicht wissen, wie sie ausging, dann lesen Sie nach. Aber merken Sie sich, daß David nicht davor zurückschreckte, Gewalt einzusetzen, wenn das die einzige Möglichkeit war, den Teufel vom Thron zu stoßen. Merken Sie sich auch, daß seine Minderwertigkeitsgefühle ihn nicht in die Flucht trieben. Er wußte, daß ihn Gott zu diesem Kampf berufen hatte, und er wußte auch, daß er nach menschlichem Ermessen die erste Runde nicht würde überstehen können.

Vielleicht kommen Ihnen solche Gefühle vertraut vor. Vielleicht wären Sie gerne gebildeter, hätten gerne eine einwandfreie Erziehung genossen, wünschen sich ein besseres Elternhaus oder ein paar mehr Chancen. Nehmen Sie all Ihren Mut zusammen – wer dienen will, muß dafür nicht besonders geeignet sein. Wie groß die Herausforderung auch sein mag, vor der Sie stehen, wie übermächtig Ihr Goliath auch scheint, denken Sie daran: Einer plus Gott – das ist immer die Überzahl.

„Was aber, wenn ich es nicht wert bin?" mögen Sie fragen. „Was ist, wenn es da ein paar Geschichten in meinem Leben gibt, die mich am Dienen hindern?"

Das kann sein. Wenn Sie in Ihre Vergangenheit zurückblikken, dann werden Sie sich sicherlich daran erinnern, daß Sie einmal etwas getan haben, was im allgemeinen als anstößig angesehen wird, eine „unverzeihbare" Sünde. Vielleicht haben Sie mit anderen darüber gesprochen, oder Sie haben es für sich behalten. Doch in jedem Fall hat es Sie immer wieder gequält, Ihnen die Freude genommen und Ihre Freiheit beschnitten.

Die Goldene Regel Nummer eins in diesem Zusammenhang lautet: Gehen Sie nie leichtfertig mit einer Sünde um! Sie ist etwas Ernstes, was man in Ordnung bringen muß, aber mehr auch nicht.

Die Goldene Regel Nummer zwei ist: Zweifeln Sie nie an Gottes Vergebung! 1. Johannes 1,9 stellt ein für allemal klar, daß jedes Kind Gottes Vergebung erfahren kann: „Wenn wir aber unsere Sünden bekennen, so ist er treu und gerecht, daß er uns die Sünden vergibt und reinigt uns von aller Ungerechtigkeit." Sie sollten nicht versuchen, der Herrlichkeit Gottes teilhaftig zu werden, indem Sie sich zu Ihrem eigenen Richter und Henker machen. Gott allein hat das Recht zu richten, und wenn er Ihnen durch das Blut Jesu Christi völlige Vergebung Ihrer Sünden zugesagt hat, sobald Sie Ihre Sünden bekennen und ernsthaft bereuen, dann reicht das aus – Ihre Schuld ist weggewischt.

Wenn Sie das nicht glauben, dann sehen Sie sich David noch einmal an. Ich sage Ihnen, wenn Sie die beiden Bücher Samuel lesen, werden Sie viel Schlechtes über das Leben Davids erfahren. Er beging Ehebruch, und anschließend tötete er den Ehemann. Sie werden sich wundern, wie David, der Mann Gottes, der als Nachfolger Sauls König über Israel wurde, je so etwas hatte tun können. Wir denken immer, Gottes Diener wären untadelig. Aber einen Augenblick! Wer von anderen Vollkommenheit erwartet, der hat nie die Tiefen seines eigenen Herzens ausgelotet.

Bis jetzt habe ich noch keinen Menschen kennengelernt, der nicht mit einer Versuchung zu kämpfen gehabt hätte, die ihn für den Rest seines Lebens ins Zuchthaus gebracht hätte, hätte er ihr nachgegeben. Einige Jahre lang habe ich meine Zuhörer in größeren Veranstaltungen gebeten, nach einem solchen Menschen Ausschau zu halten. Niemand hat einen gefunden.

David hatte eine große Dummheit begangen, und jeder in seiner Umgebung wußte das. Sobald er sich von dieser persönlichen Niederlage erholt hatte, diente er Gott weiterhin, und zwar mit großem Erfolg. Ironischerweise öffnete ihm gerade seine offensichtliche Sünde eine neue Möglichkeit, Gott zu dienen. Er legte für die Gnade Gottes Zeugnis ab. In dem Bußpsalm, den er nach dem Ehebruch mit Batseba verfaßte, lesen wir: „Ich will die Übertreter deine Wege lehren, daß sich die Sünder zu dir bekehren." (Psalm 51,15). Wenn Gott David reinwaschen konnte, dann kann er das auch mit Ihnen.

Davids Leben war nicht leicht –, zu dienen ist nie einfach. Nachdem er Goliath erledigt hatte, konnte er den Bereich seines Dienstes ausdehnen. Vom Schäferjungen in den Bergen wurde er zum Anführer einer ganzen Armee. Diese Erweiterung seines Aufgabengebietes war vom Neid Sauls überschattet. In den folgenden Jahren stand David oft am Rand des Todes, trotzdem diente er Gott weiterhin und so gut es ging auch dem König.

Oftmals hätte er auf der Empfängerseite sein können, nicht nur immer der Gebende. Hätte er zum Beispiel den Ratschlag seiner Freunde, Saul zu töten, nicht in den Wind geschlagen, dann wäre er König geworden. Alle Armeen Israels, denen Saul befohlen hatte, David zu töten, wären dann unter seinem Kommando gewesen. Der König ging aus Versehen allein in eine Höhle, in der sich David und seine Männer versteckt hielten. Trotzdem wollte David sich nicht nehmen, was ihm Gott noch nicht gegeben hatte:

„Und er sprach zu seinen Männern: Das lasse der Herr ferne von mir sein, daß ich das tun sollte und meine Hand legen an meinen Herrn, den Gesalbten des Herrn ... Als aber Saul sich aufmachte aus der Höhle und seines Weges ging, machte sich auch David auf, ihm nach und ging aus der Höhle und rief Saul nach und sprach: Mein Herr und König! Saul sah sich um. Und David neigte sein Antlitz zur Erde und fiel nieder." (1. Samuel 24,7-9).

Ein fester Gehorsam in solchen Momenten der Versuchung ist nicht leicht. Aber es gehört zum Dienen, daß man anderen auch dann dient, wenn sie es als selbstverständlich ansehen oder Sie sogar zurechtweisen. Das ist, wie wenn Sie Ihren Mantel weggeben oder eine weitere Meile mitgehen.

Das Leben bietet uns viele Gelegenheiten, das, was Jesus gelehrt hat, auszuprobieren. Es ist möglich, daß der stärkste Widerstand von Ihren Freunden, Ihrer Gemeinde oder Ihrer Familie kommt. Die Ehefrau John Wesleys hatte einige vertrauliche Briefe gesammelt. Sie manipulierte sie so, daß ihr Mann im schlechtesten Licht erschien und brachte die Briefe dann unter seinen Feinden in Umlauf. Ein schwächerer Mann hätte resigniert und seinen Dienst aufgegeben. Gemeinsam mit Gott machte John Wesley jedoch weiter, mit dem Ergebnis, daß wohl kein anderer Christ in der englischsprachigen Welt einen vergleichbaren Einfluß auf seine Zeitgenossen hatte. Denken Sie daran: Wenn Sie etwas Gutes tun, werden Sie immer mit Widerstand zu kämpfen haben. Es gibt keine Bewegung ohne Reibung, keinen Dienst ohne Widerstand. Für viele Bereiche des Dienens ist das Leben Davids ein Beispiel.

Er diente Gott mit seinen natürlichen Gaben – mit Tanz, Musik und mit Liedern. Vielleicht können auch Sie so dienen, vielleicht haben Sie aber auch ganz andere Gaben.

David diente Gott zum Beispiel auch mit seinem Geld. Für den Bau des Tempels, den sein Sohn Salomo ausführen sollte, spendete er eine Summe, die heute fast 300 Millionen DM entspricht. Wahrscheinlich haben Sie nicht so viel Geld übrig, aber ein wenig haben Sie.

Wußten Sie, daß die Israeliten zur Zeit des Alten Testamentes mehr als 23 Prozent ihres Einkommens weggaben? In den USA, einem Land, das mit Freiheit und materiellem Reichtum gesegnet ist, geben Christen im Durchschnitt 2,5 Prozent ihres Einkommens. Sind Sie von diesem Geiz überrascht?

Außerdem diente David Gott auch im Gebet. Das ist bei weitem nicht der unwichtigste Bereich des Dienstes, auch, wenn ich ihn erst am Schluß erwähne. Aber dieser Bereich ist am vielseitigsten. Wenn Sie Ihre Gaben nicht einsetzen können, wenn Sie kein Geld haben, das Sie weggeben können, dann können Sie Gott immer noch im Gebet dienen. Ermutigt es Sie nicht, wenn Ihnen jemand sagt: „Ich habe für dich gebetet.“? Hebt das nicht Ihre Stimmung? – Sicherlich tut es das.

Das Gebet bewirkt mehr, als man sich vorstellen kann. Sowohl für den Beter als auch für den, für den gebetet wird, denn es bringt beide vor den Thron der Gnade.

Durch den Willen Gottes

Das Leben Davids macht uns Mut zu einem Leben in der Nachfolge Christi, zu einem dienenden Leben. Aber merken Sie sich, was Paulus über David gesagt hat –, daß er seinen Zeitgenossen nach dem Willen Gottes gedient hat.

Auf der einen Seite zeigt das, wie umfassend der Dienst eines Christen ist. Dienen ist kein Hobby, dem Sie in Ihrer freien Zeit, nach der Arbeit oder dann, wenn Sie an Ihren Zielen gearbeitet haben, nachgehen können. Dienen ist eine Einstellung, die jeden Bereich des Lebens durchzieht, von den zufälligen Begegnungen unterwegs bis hin zur Arbeit an Ihrem Lebensziel. Sie leben, um Gott zu dienen, und Gott dienen, heißt anderen Menschen zu dienen. Ein Christ ist ein Mensch, der sich selbst gibt.

Auf der anderen Seite zeigt der Satz von Paulus auf, wie besonders Ihr Dienst ist. Die Freundschaften, die Sie schließen, die Möglichkeiten, die Sie haben, und die Ziele, die Sie sich setzen, alles das ist eine Art zu dienen, die nur Ihnen gegeben ist. David hatte seine besondere Berufung, und Sie haben Ihre. Gott ist bei Ihnen, so, wie er bei David war und bei Josua. Erinnern Sie sich an diese Verheißung? „Ich bin bei dir. Ich will dich nicht verlassen noch von dir weichen.“ Wenn Sie Ihre alten Gleise verlassen und nach Gottes Nähe suchen, dann denken Sie daran, daß er bei Ihnen ist, und entdecken Sie im Dienen ein ganz neues Leben!

Diesen Eindruck vermittelt uns Paulus –, daß David sein Leben genoß. Dienen hat Auswirkungen – es gibt keinen besseren Weg, in eine Gemeinde hineinzukommen, als beim Spülen der Kaffeetassen nach dem Gottesdienst seine Hilfe anzubieten. Man kommt auch nicht leichter in den Genuß menschlicher Nähe, als wenn man diese Nähe jemand anderem gibt, zum Beispiel, indem man im Krankenhaus oder im Gefängnis Besuche macht.

Wenn Sie dienen, dann werden Sie Christus ähnlicher. Es ist ein geheimer Zugang zu einem erfüllten Leben. Falls Sie damit beginnen wollen, mit anderen ins reine zu kommen, dann beachten Sie das Prinzip des Dienens. Ihre einsamen Tage werden gezählt sein. In einem erfüllten Leben in der Kraft Gottes ist kein Platz für Einsamkeit. Sie werden sie ein für allemal besiegen!

Seien Sie freundlich

Auf einem meiner Flüge nach Florida saß eine wunderbare junge Frau von 22 Jahren neben mir. Sie hat mir erzählt, daß sie Stewardeß sei und daß sie nach Florida fliegen wolle, um dort ihre Tante zu besuchen, die einen schweren persönlichen Verlust erlitten hatte.

In weniger als 15 Minuten hatte ich herausgefunden, daß sie eine gläubige Christin war. Sie und ihre Familie gehörten zu einer lebendigen Gemeinde in Jackson, im Staat Mississippi.

Ich habe sie nach ihrer Karriere gefragt.

Sie antwortete: „Ich habe viele Geschichten über Stewardessen gehört und mindestens genauso schlimme über einige Piloten und Kopiloten. Ich wußte, wenn an diesen Geschichten auch nur ein Quentchen Wahrheit ist, dann würde ich in diesem Beruf entweder meinen Glauben verlieren, oder er würde mich stark machen."

Es war offensichtlich, daß ihr Beruf sie positiv beeinflußt hatte. Sie hatte sich zu einer strahlenden Christin mit einem ansteckenden Wesen entwickelt. Sie war von ihrer Familie getrennt, lebte allein in einer großen Stadt und verbrachte viel Zeit bei kurzen Zwischenstopps in fremden Städten. Trotzdem ließ sie sich durch die Einsamkeit, die ihr Beruf mit sich brachte, nicht dazu hinreißen, wilde Parties zu besuchen oder andere Dinge zu tun, die mit ihrem christlichen Glauben nicht vereinbar waren. Die Einsamkeit hatte keine Macht über sie. Sie hatte gelernt, was es heißt, mit anderen ins reine zu kommen.

Nicht alle Beziehungen sind gut. Deshalb erleben viele Menschen auch in Beziehungen Einsamkeit. Ein einsamer Mensch zeichnet sich nicht unbedingt dadurch aus, daß er keine persönlichen Kontakte hat. Vielleicht ist er ein Partylöwe und leidet trotzdem unter Einsamkeit, weil ihm seine Beziehungen nicht das geben, was er braucht. Die Einsamkeit ist nicht nur eine Folge der Unfähigkeit, Beziehungen aufzubauen, sie ist eine Folge der Unfähigkeit, *richtige* Beziehungen aufzubauen.

Nehmen Sie die Geschichte vom verlorenen Sohn. Die Menschen, die ihn umschwärmten, als er die Spendierhosen anhatte, konnte man eigentlich nicht als seine Freunde bezeichnen. Wahrscheinlich hätte er sie so genannt, denn er dachte, sie hätten eine schöne gemeinsame Zeit. Aber echte Freunde lassen einen nicht im Stich, wenn das Geld alle ist. Sie schenken einem nicht nur deshalb Aufmerksamkeit, weil sie etwas von einem wollen, Zeit, Geld, Unterstützung oder einen Partner im Bett. Echte Freunde fordern nicht, sie geben.

Das ist mehr oder weniger allgemein bekannt. Aber wie packen Sie es an, richtige Beziehungen aufzubauen? Wie bekommen Sie das Vertrauen, das nötig ist, um eine echte Freundschaft einzugehen, damit Sie sich nicht weiter mit Schönwetterfreunden abgeben müssen?

Freunde zu gewinnen ist eine Kunst. Es wundert mich immer wieder, zu sehen, wie oberflächlich viele Menschen sind, wenn es um das Thema Freundschaft geht. Anscheinend denken sie, Freundschaften entstehen rein zufällig. Sie kennen die biblischen Grundregeln nicht, die klare Anweisungen geben, wie eine Freundschaft entsteht und wie man sie pflegen kann.

Man kann diese Regeln mit der Kunst eines Malers vergleichen, der ein Portrait malt, oder mit der eines Dichters, der einen Reim schmiedet. Beachten Sie diese Regeln, dann werden Sie wunderbare Werke schaffen; ignorieren Sie sie, dann wird Ihre Kunst wertlos sein.

Was die Bibel zum Thema Freundschaft lehrt, ist mittendrin im Buch der Sprüche zusammengefaßt. Dort gibt uns Salomo einen Rat:

„Es gibt Allernächste, die bringen ins Verderben, und es gibt Freunde, die hangen fester als ein Bruder." (Sprüche 18,24).

Heute würden wir das vielleicht so ausdrücken: Wenn du einen Freund haben möchtest, dann sei selber einer.

Freundschaft ist immer wechselseitig. Versetzen Sie sich in die Lage der Menschen, denen Sie begegnen: Wahrscheinlich sind diese Menschen ebensowenig wie Sie selbst darauf aus, eine schlechte Beziehung einzugehen. Sie wollen ermuntert, ermutigt, erbaut und erfreut werden, genau wie Sie.

Sie können nicht allzuviel tun, um das Verhalten dieser Menschen Ihnen gegenüber zu beeinflussen. So sollte es auch sein. Echte Freundschaft kann nämlich nur dann entstehen, wenn beide Seiten sich frei dafür entscheiden können. Wenn Sie selbst auf andere anziehend wirken und ein guter Freund sein möchten, dann haben Sie den wichtigsten Faktor schon unter Ihrer Kontrolle – sich selbst.

Fragen Sie sich: „Bin ich so, daß ich mich gerne selbst zum Freund hätte?" Wenn nicht, machen Sie sich darüber Gedanken. Zu wissen, daß Sie „freundschaftsfähig" sind, ist wichtig für Ihr Selbstvertrauen. Außerdem wird es die Menschen, mit denen Sie sich gerne anfreunden würden, positiv beeinflussen.

Was es heißt, sich selbst als Freund zu erweisen, das will ich in einigen Punkten zusammenfassen. Lesen Sie den folgenden Abschnitt, und prüfen Sie sich selbst gründlich. Uns geht es hier um das „Du", das zu anderen Menschen Verbindung aufnehmen möchte und für Sie zu einem guten Freund werden will.

Acht Merkmale einer Freundschaft

1. Seien Sie echt! Die meisten Menschen setzen in der Öffentlichkeit eine Maske auf. Ein Bild, das ihnen ähnlich sieht, das sie aber bewußt einsetzen, um andere zu beeindrucken. Für das „Hohe Tier" ist diese Maske problematisch, weil Menschen dazu neigen, zu dieser Maske eine Beziehung aufzubauen und nicht zu dem Menschen hinter der Maske. So erwartet man von einem Schauspieler zum Beispiel, daß er sich im Privatleben genauso verhält wie auf der Bühne.

Dieses Problem der Unechtheit, mit dem viele einsame Menschen zu tun haben, ist nicht nur eine Folge der falschen Erwartungen anderer Menschen. Es ist eine starke Versuchung, sich immer wieder hinter dieser Maske zu verstecken, denn sie können sich darauf verlassen, daß diese Maske ihnen die Anerkennung einbringt, die sie suchen. Es kann einem Pfarrer passieren, daß er durch sein Verhalten andere Menschen unbewußt dazu auffordert, in ihm auch dann den Pfarrer zu sehen, wenn er zu Hause oder im Urlaub ist.

Mit Ihrer Maske kann sich niemand anfreunden. Wenn Sie echte Freundschaft erleben wollen, dann müssen Sie sich selbst darauf einlassen. Sie dürfen nicht den Überflieger, den fröhlichen, den jungen, mit einem gesunden Selbstbewußtsein ausgestatteten Menschen vorschicken – Sie selbst sind gefragt, der Mensch hinter der Maske.

Es kann sein, daß Sie dieses „Ich“ hinter der Maske für nicht besonders beeindruckend halten, dann sehen Sie es doch einmal aus einer anderen Blickrichtung. Haben Sie sich schon einmal überlegt, wie frustrierend es für andere Menschen sein muß, wenn Sie jemandem gegenübertreten, der so vollkommen ist, daß dagegen sogar der Erzengel Michael blaß aussehen würde? Was Ihnen Sicherheit gibt, kann andere verunsichern. Das möchten Sie doch nicht, Sie möchten auf andere nett und freundlich wirken.

Der englische Puritaner Oliver Cromwell war so sehr darauf bedacht, daß die Menschen ihn so sehen sollten, wie er wirklich ist, daß er einem Porträtmaler sagte, er solle auch seine Warzen in das Portrait mit einbeziehen. Die eine oder andere Warze hat jeder von uns. Das hilft anderen, zu sehen, daß wir echte Menschen sind, übermalen Sie sie deshalb nicht!

Vielleicht gehören Sie zu den wenigen glücklichen Menschen, die in der Öffentlichkeit gar keine Maske tragen. Versuchen Sie gar nicht erst, sich eine zuzulegen. Schauspielerei hat in einer Freundschaft ebensowenig Platz wie Heuchelei. Rollenspiel und geheuchelte Freundschaft noch fremden Menschen gegenüber wird andere eher in Verlegenheit bringen und Ihre eigene Isolation verstärken. Menschen, die sich beim genaueren Hinsehen als Judasse erweisen und solche, die sich ein Zahnpasta-Lächeln ins Gesicht geklebt haben, gibt es schon genug, da müssen Sie nicht auch noch mitspielen.

2. Seien Sie realistisch! Fast genauso schlimm wie das Aufsetzen einer Maske in der Öffentlichkeit ist es, wenn Sie von anderen erwarten, daß sie Ihnen gegenüber eine Maske tragen. Mit einfachen Worten: Erwarten Sie von anderen nicht zu viel. Sie kennen Ihre eigenen Warzen, warum sollten Sie dann überrascht sein, wenn Sie in anderen Gesichtern auch welche entdecken?

Denken Sie daran, daß es immer mal vorkommen kann, daß ein Freund Sie im Stich läßt. Das kann Ihnen auch passieren, diese Unvollkommenheit gehört zum Wesen des Menschen. Entscheidend ist, daß durch solche Zwischenfälle nicht eine ganze Freundschaft zerbricht. Als der „Gebende" in einer Beziehung ist es Ihre Aufgabe, einem Freund in seinen Schwierigkeiten und Enttäuschungen zu helfen.

Es gibt viele einfache Möglichkeiten, Freundschaft und Besorgnis um den anderen zum Ausdruck zu bringen. Gott hat Ihnen Muskeln gegeben, die direkt neben dem Mund sitzen. Benutzen Sie diese Muskeln und spannen Sie sie zum Ohr hin, so daß Sie lächeln. Merken Sie sich das, was andere Ihnen anvertraut haben. Seien Sie immer bereit zu loben.

Ist Ihnen schon aufgefallen, daß Gott uns einen Kopf gegeben hat, mit dem es uns leichter fällt zu nicken, als ihn zu schütteln? Den Kopf von einer Seite auf die andere schwingen zu lassen, um damit Ablehnung oder Unzufriedenheit zu zeigen, ist wirklich harte Arbeit. Eine leichte Übung ist es dagegen, das Kinn einfach fallenzulassen und damit Anerkennung und Lob zu signalisieren. Das können Sie sogar mehrmals am Tag tun, ohne daß Sie davon Muskelkater bekommen werden.

Mit dem Händeschütteln ist es genauso. Stellen Sie sich vor, wie schwierig das Händeschütteln wäre, wenn Gott unsere Daumen auf der anderen Seite angebracht hätte, doch so wie es ist, ist es eine Leichtigkeit, acht Finger miteinander zu verschränken und dann zwei Daumen obenauf zu legen. Das gibt einen guten und festen Händedruck. Sehen Sie sich einmal Ihre rechte Hand an. Sieht sie etwa aus wie ein roher Fisch, der da an Ihrem Arm hängt? – Nein? Und was ist mit den Daumen? Sind sie in die richtige Richtung gewachsen? – Gut, dann benutzen Sie diese Hand, die Gott Ihnen gegeben hat!

Es ist eine große Hilfe, wenn Sie den neuen Tag mit guten Gedanken, einem fröhlichen Gesichtsausdruck und freundlichen Worten beginnen. Denken Sie an Psalm 118,24: „Dies ist der Tag, den der Herr macht; laßt uns freuen und fröhlich an ihm sein."

Nehmen Sie sich vor, Menschen zu loben, die etwas gut gemacht haben. Wenn Sie jemandem begegnen, der heute besser aussieht als am Tag zuvor, dann lächeln Sie und sagen: „Sie sehen heute wirklich gut aus." Seien Sie auch darauf vorbereitet, einfach still zu sein, wenn es nötig ist. Manchmal tut es einem Freund, der müde aussieht und so wirkt, als würde er unter dem Druck und den Widrigkeiten des Lebens leiden, gut, wenn Sie so tun, als würden Sie es nicht bemerken.

3. Bestätigen Sie andere! Was für das Loben gilt, gilt auch für Gespräche im allgemeinen. Denken Sie sorgfältig darüber nach, was Sie in Anwesenheit anderer sagen, denn das, was Sie sagen und wie Sie es sagen, hat große Auswirkungen auf die Menschen, die Ihnen zuhören.

Erinnern Sie sich an den Smith-Effekt, den ich weiter oben beschrieben habe. Düstere Worte fördern eine düstere Stimmung. Natürlich müssen Sie sich hin und wieder einmal etwas von der Seele reden, aber es gibt einen entscheidenden Unterschied zwischen einem kurzen heftigen Regenguß und einem Dauerregen. Vermeiden Sie es also so gut es geht, über Ihr kaputtes Bein zu reden oder über das des Nachbarn, über Ihren Hund, der gestorben ist, darüber, wie schlimm alles ist und warum Sie sich keinen Urlaub leisten können.

Entwickeln Sie eine positive Lebenseinstellung und teilen Sie Ihre Freuden mit anderen. Nichts baut mehr auf als ein gutes Gespräch unter Freunden. Wenn Sie ein Freund sind, dann suchen Sie nach Gelegenheiten, andere zu ermuntern und zu ermutigen. Helfen Sie anderen, sich in ihrer Haut wohlzufühlen. Zu einem hemmungslosen Schmeichler, der einer gräßlich gekleideten Frau Komplimente macht, sollten Sie sich aber nun doch nicht entwickeln. Gewöhnen Sie es sich an, denen Komplimente zu machen, die es wirklich verdienen.

Ein Vater hat einmal seine kleine Tochter gefragt: „Maria, warum lieben dich alle Menschen?"

„Ich weiß nicht", antwortete das kleine Mädchen, „vielleicht liegt es daran, daß ich sie alle lieb habe."

4. Seien Sie verfügbar! Die westliche Gesellschaft wird von der Uhr regiert. Für den Arbeitsalltag ist es gut, wenn man Termine planen und so die Zeit optimal ausnutzen kann. Was oft in Vergessenheit gerät, ist, daß bei diesem Planen, das in der Geschäftswelt üblich ist, die Arbeit und die Projekte im Mittelpunkt stehen und nicht die menschlichen Beziehungen drumherum. Das ist die Ursache für die Einsamkeit vieler „Hoher Tiere" in den Führungsetagen und sogar vieler Pfarrer und Gemeindeleiter.

Wenn Ihnen Freundschaften wichtig sind, dann müssen Sie Zeit dafür investieren. Vielleicht denken Sie: „Aber ich bin doch so beschäftigt, und meine Arbeit ist so wichtig." Natürlich ist sie wichtig. Doch wenn Sie mit Ihrer Zukunft ins reine gekommen sind, indem Sie sich klare Ziele gesetzt haben, dann wird die Arbeit, die Sie leisten, eine wichtige Rolle auf dem Weg zu Ihrem Lebensziel spielen. Gott hat aber niemanden zu einem versponnenen Einzelgängerleben berufen. Wenn Sie sich auf Ihr Lebensziel konzentrieren, dann ist das gut. Wenn Ihnen jedoch nichts anderes wichtig ist, dann ist das Ungehorsam Gott gegenüber. Es wird Ihr gesellschaftliches Leben zerstören.

Ihre Familie und Ihre Freunde müssen in Ihrem Kalender Platz haben. Damit meine ich nicht, daß Sie feste Termine für sie einplanen sollten. Wahrscheinlich verbringen Sie jede Nacht acht Stunden neben Ihrem Ehepartner im Bett. Damit aber sind Ihre gesellschaftlichen Bedürfnisse noch lange nicht erfüllt. Ich spreche von einer wichtigen Zeit, von Terminen, die vor allem anderen Vorrang haben. Planen Sie also einen Nachmittag ein, den Sie damit „verschwenden", daß Sie mit den Kindern Fußball spielen, mit Ihrer Frau durch die Einkaufszonen schlendern, einen Spaziergang machen oder mit einem Freund ins Kino gehen. Sich Zeit für Freundschaften freizuhalten, ist, wie wenn man auf einen Ackerboden guten Dünger aufbringt –, es bringt Wachstum hervor. Genau das ist es, was Sie wollen, wenn Sie die Einsamkeit besiegen möchten.

5. Seien Sie ausgeglichen! Wie wichtig Ausgeglichenheit ist, habe ich schon in dem Abschnitt über die Zeit betont. Auch bei Ihren Unternehmungen ist es wichtig, daß Sie ausgeglichen sind. Denn C.S. Lewis hat in einem Essay über die vier Arten der Liebe geschrieben, daß die Freundschaft (anders als die romantische Liebe oder eine flüchtige Bekanntschaft) aus einem gemeinsamen Interesse heraus entsteht. Ein Mann und eine Frau, die sich verliebt haben, stehen sich gegenüber und gehen ineinander auf.

Freunde dagegen stehen nebeneinander. Ihr Interesse richtet sich auf ein bestimmtes Hobby oder auf eine Aufgabe, nicht in erster Linie auf ihre Beziehung. Wir alle kennen das aus eigener Erfahrung. Für gewöhnlich haben wir Freunde „bei der Arbeit", „in der Gemeinde" oder „im Verein". Freunde sorgen sich nicht besonders um ihre Freundschaft, sie entwickelt sich von alleine aus gemeinsamen Interessen heraus.

Daraus folgt, daß jemand, der Freundschaften sucht, Interessen haben muß, durch die Freundschaften entstehen können, der Beruf allein genügt da nicht. Er bringt uns zwar mit anderen Menschen zusammen, aber fesselt uns nicht unbedingt. Wer stundenlang über seine Arbeit redet, der läuft Gefahr, daß seine Freizeit darunter leidet.

Viel sinnvoller ist es, dem einsamen Menschen zu raten, daß er sich ein gemeinschaftsförderndes Hobby zulegt. Vielleicht wollten Sie schon immer einmal Fallschirmspringen. Warum probieren Sie es nicht einmal? Wenn es Ihnen keinen Spaß macht, aus Flugzeugen zu springen, gibt es auch noch eine ganze Menge weniger spektakulärer Freizeitbeschäftigungen. Eigentlich spielt es fast keine Rolle, welches Hobby Sie sich aussuchen, Hauptsache, Sie mögen es, und es bringt Sie mit anderen Menschen zusammen, die Ihr Interesse teilen.

6. Seien Sie einfühlsam! Einsame Menschen neigen dazu, zu vergessen, daß es in einer Freundschaft bestimmte Umgangsformen gibt. Es ist nicht so wichtig, auf welche Seite des Tellers Sie den Löffel legen, es sei denn, Sie bewegen sich in Gesellschaftskreisen, in denen ein falsch hingelegter Suppenlöffel Widerspruch erregt. Es geht vielmehr darum, zuvorkommend und für die Bedürfnisse anderer Menschen sensibel zu sein. Jeder mag es, wenn man sich bei ihm für ein gutes Essen oder für das Kinderhüten bedankt.

Dankbarkeit zu zeigen ist ein Zeichen von Freundlichkeit, außerdem erfreut es die Freunde und wirkt sich positiv auf die Beziehung aus. Eine Geburtstagskarte zu schicken ist eine einfache Möglichkeit, anderen zu zeigen, daß sie einem etwas wert sind. Ebenso sinnvoll ist es, darauf zu achten, daß man die Gastfreundschaft anderer nicht ausnutzt, wenn man weiß, daß sie am nächsten Morgen schon früh zur Arbeit müssen. Seien Sie so sensibel für die Bedürfnisse anderer Menschen, wie Sie sich wünschen, daß andere Ihre Bedürfnisse berücksichtigen.

Einmal besuchte ich eine Bibelwoche in einer kleinen Stadt in Alabama. Der Referent war ein alter Mann um die siebzig. Niemand wäre ihm böse gewesen, wenn er sich nach seiner Bibelarbeit am Morgen ein wenig ausgeruht hätte. Zu meiner Verwunderung kam er aber auch noch zu jeder Nachmittagsveranstaltung, die von einem anderen Prediger gehalten wurde. Viele Männer seines Alters hätten gedacht: „Dieser junge Hüpfer kann mir doch nichts Neues mehr erzählen. Was weiß der, das ich nicht längst schon vergessen habe?“ Trotzdem saß er da, lächelte und nickte mit dem Kopf, um den jungen Prediger zu ermutigen. Ich bin sicher, in dieser Woche hat er einen neuen Freund gewonnen.

7. Seien Sie beständig! Wie ich weiter oben schon berichtet habe, hat es sich ein guter Freund von mir angewöhnt, jeden Tag drei neue Freunde zu gewinnen. Freundschaft war für ihn eine Kunst, die er sein ganzes Leben über vervollkommnete.

Mein Vater tat dasselbe. Während ich dieses Buch schreibe, ist mein Vater über 90 Jahre alt. Er hält immer noch an seinem Grundsatz fest, neue Bekanntschaften zu schließen und die alten Freundschaften zu pflegen. Er ist ein Mann, der sich seinem Lebensziel verschrieben hat. Gerade hat er die Bibel zum 120. Mal durchgelesen, trotzdem ist er kein Einzelgänger. Als die Jugendgruppe seiner Gemeinde vor kurzem eine Freizeit veranstaltete, wollten sie ihn unbedingt dabeihaben.

Sie werden keine Gelegenheit mehr haben, einsam zu sein, wenn Sie sich einmal angewöhnt haben, ein Freund zu sein. Die Menschen werden nach Ihnen suchen.

8. Seien Sie ein Freund! Wenn Sie ein Freund Gottes sind, dann hilft Ihnen das, ein Freund der Menschen zu sein. Ein Freund der Menschen zu sein, hilft Ihnen, ein Freund Gottes zu sein.

Wie wir andere Menschen behandeln, ist ein Zeichen dafür, wie wir Gott behandeln. Mit der Lektion über die Schafe und Böcke, die wir in Matthäus 25,31-46 nachlesen können, macht Jesus klar, daß die gute Tat für andere auch eine gute Tat für Gott ist: „Was ihr getan habt einem von diesen meinen geringsten Brüdern, das habt ihr mir getan." (Matthäus 25,40). Freundschaft so zu leben, wie es der gute Samariter getan hat, heißt Gott ähnlicher zu werden.

Wir sind aber nicht nur Gottes Freunde, weil wir seine Gesetze befolgen. Ein Christ zu sein, heißt Gott persönlich zu kennen. Die größte, wunderbarste und erfüllendste Freundschaft im ganzen Universum ist die zwischen Jesus Christus und dem gläubigen Christen. Als der große amerikanische Prediger Jonathan Edwards auf dem Sterbebett all seinen irdischen Freunden Lebewohl sagte, drehte er den Kopf zur Seite und sagte: „Wo ist Jesus von Nazareth, mein guter alter, verläßlicher Freund?"

Diese Beziehung ist die Quelle für alle menschlichen Freundschaften. Im Jakobusbrief lesen wir von der Weisheit Gottes, einer Weisheit, die auch den Kindern Gottes zur Verfügung steht. In ihr finden wir den Geist, der der Ursprung aller Freundschaft ist:

„Die Weisheit aber von oben her ist zuerst lauter, dann friedfertig, gütig, läßt sich etwas sagen, ist reich an Barmherzigkeit und guten Früchten, unparteiisch, ohne Heuchelei." (Jakobus 3,15).

Gibt es eine bessere Zusammenfassung für das, was es heißt, als Christ ein Freund zu sein? Damit ist die Einsamkeit besiegt. In der Freundschaft mit Jesus Christus gehört dieser Sieg Ihnen – Sie müssen ihn nur für sich in Anspruch nehmen.

Nicht nachlassen

Kommen Sie mit Gott ins reine, mit sich selbst und mit anderen. Wenn Sie das der Reihe nach umsetzen, werden Sie die Einsamkeit besiegen. Sie werden nicht nur heute mit ihr fertig werden, sondern Sie werden den Rest Ihres Lebens nicht mehr unter ihr zu leiden haben.

Aber ich muß betonen: Sich einen neuen Lebensstil anzueignen ist nicht dasselbe, wie sich einen neuen Kühlschrank zu kaufen. Es ist nicht so, daß Sie einmal zahlen, sich dann zurücklehnen und dann das Ganze vergessen, Sie müssen das, was Sie gelernt haben, immer wieder in Ihrem Leben umsetzen. Natürlich wird es im Laufe der Zeit leichter, die Einsamkeit zu besiegen, weil Sie sich an Ihren neuen Lebensstil gewöhnen. Doch nehmen Sie den Fuß nicht vom Gas. Lassen Sie nicht nach!

Manche Menschen, die dieses Buch lesen, werden vielleicht sagen: „Das ist ja alles ganz nett, aber es kommt sicher eine Zeit im Leben, wo es zu spät ist, um seinen Lebensstil zu ändern, und wo es eben nicht mehr möglich ist, der Einsamkeit die Stirn zu bieten. Dann muß man den Fuß doch vom Gas nehmen.“

Als mittlerweile 64 Jahre alter Mann kann ich Ihnen nur sagen: Das ist Unsinn! Ich gebe es offen zu, ich hoffe, daß die besten Jahre meines Lebens noch vor mir liegen, vorausgesetzt, Christus holt mich nicht vorher in sein himmlisches Reich oder kommt selbst wieder. Warum? – Weil mich die Erfahrungen zahlloser anderer Menschen gelehrt haben, daß es für Menschen über 60 keinen Grund gibt, sich für wertlos und rückständig zu halten. Ich kenne über 80jährige, die aufgrund ihrer Reife, ihres Intellekts und ihrer Lebenslust für einen vollzeitlichen Dienst mehr als geeignet sind. Wenn das stimmt, dann gibt es keinen Grund, warum ältere Menschen eher unter Einsamkeit zu leiden haben sollten als jüngere.

Reife neu entdeckt

Ich möchte Ihnen ein paar Beispiele von Menschen geben, die im Alter etwas erreicht haben.

Haben Sie je von Winston Churchill gehört? – Bestimmt. Sie hätten sicher nie etwas von ihm gehört, wenn er mit 60 gestorben wäre. Beim Ausbruch des Zweiten Weltkrieges war er 65 Jahre alt. In einem Alter, in dem sich die meisten Menschen zur Ruhe setzen, stieg er auf der politischen Leiter ganz nach oben. Obwohl er in der ersten Nachkriegswahl eine schwere Niederlage hinnehmen mußte, führte er seine Partei 1951 noch einmal zum Sieg. In der neuen Regierung arbeitete er als Premierminister und Verteidigungsminister. Er war 81 als er sich endgültig aus der Politik zurückzog, und zehn Jahre später starb er. In der Zwischenzeit hatte er den Nobelpreis gewonnen und ein sechsbändiges Werk über den Zweiten Weltkrieg verfaßt.

Churchill hätte schon in den späten 30er Jahren in der Vergessenheit versinken können. Er hätte nach dem Kriegsgewinn mit Bitterkeit auf die Wahlschlappe reagieren können, und er hätte Selbstgespräche wie das folgende führen können: „Für dieses Volk habe ich mein Bestes gegeben, mein ganzes Leben. Ich habe meine Familie vernachlässigt, um endlose Stunden mit dem Krieg gegen Deutschland zu verbringen, damit Großbritannien aus den Klauen der Niederlage gerissen wurde und über das Hitlerregime siegte. Jetzt haben sie mich aus dem Amt geworfen. Die meisten meiner besten Freunde haben mich verlassen. Hier stehe ich jetzt, alleine und ohne Ansehen.“

Das tat Churchill nicht. Vor Selbstmitleid in Einsamkeit zu vergehen, das war nicht sein Stil. Er steckte nicht zurück und blieb – sein Lebensziel vor Augen – aktiv und produktiv bis zu seinem Tod.

Er ist keine Ausnahme.

Benjamin Franklin war 70 Jahre alt, als er an der Ausarbeitung der Unabhängigkeitserklärung mitwirkte. Er war 78, als die Unabhängigkeitserklärung durch den Vertrag von Versailles bestätigt wurde. Mit 84, zwei Jahre vor seinem Tod, saß er in der Versammlung, die die amerikanische Verfassung erarbeitete.

John Knox, ein großer schottischer Reformator, war genauso alt, als die Leute seinen Predigten immer noch ebenso gebannt lauschten, wie in seiner Jugend. John Wesley evangelisierte noch, als er schon über 80 war. Bismarck war Mitte 70, als er an die Spitze des Deutschen Reiches trat. Der Dichter Dante hatte seine beste Schaffensphase, als er 60 Jahre alt war.

Es stimmt einfach nicht, daß das Alter Menschen davon abhält, produktiv zu sein. Wenn Sie lange genug leben, werden Sie 80 Jahre alt, ohne daß Sie es merken. Daß Sie uneffektiv werden, ist kein natürlicher Prozeß. Es liegt an Ihnen. Dasselbe gilt für die Einsamkeit.

Denken Sie an Herbert Hoover. Dieser Mann hatte allen Grund, sich einsam zu fühlen. Seine Wahl zum Präsidenten der Vereinigten Staaten fiel mit dem Kurseinbruch an der Wall Street 1929 und der anschließenden großen Wirtschaftskrise zusammen. Als man ihn 1932 aus dem Amt entließ, wurde ihm vorgeworfen, er sei verbohrt und vertrete nicht die Interessen des amerikanischen Volkes.

Bis in die 50er Jahre hinein wurde sein Name verspottet. Trotzdem ließ Hoover nicht zu, daß die Einsamkeit ihn zugrunderichtete. Er sah sich weiterhin als Diener der Menschen und arbeitete nach dem Zweiten Weltkrieg als Vorsitzender einer Kommission, die sich um den Wiederaufbau Europas kümmerte.

Ein anderes Beispiel ist Harry Truman, der gerade rechtzeitig ins Weiße Haus einzog, um die furchtbare Entscheidung über den Atombombenabwurf über Japan zu treffen. Bis zu diesem Punkt hatte er einige außerordentlich schwere Niederlagen einstecken müssen. Unter anderem ging er bankrott, weil er darauf bestand, seinen Kredit voll und ganz zurückzuzahlen. Er brauchte 15 Jahre, um wieder schwarze Zahlen schreiben zu können.

Mit 60 wurde er Präsident. Er wurde verleumdet und verspottet, und man beschuldigte ihn, mit bekannten Gangstern befreundet zu sein. Trotzdem ging er auch aus der nächsten Wahl im Jahr 1948 als Sieger hervor. Er trieb die Gründung der NATO voran und führte die Politik der Verständigung mit dem Kommunismus in Europa ein, die später als die „Truman-Doktrin" bekannt wurde.

Ich hebe die Verdienste dieser Menschen nicht deswegen hervor, weil ich eine bestimmte Politik verteidigen möchte. Ich möchte nur zeigen, daß keiner von ihnen ein Opfer der Einsamkeit wurde. Sowohl Hoover als auch Truman kamen erst so richtig in Schwung, als sie die 60 überschritten hatten.

Vor kurzem sah ich im Fernsehen ein Interview mit dem Sohn von Bob Hope. Es gibt, glaube ich, keinen Zweifel daran, daß Bob Hope, der viele Jahre lang der ungekrönte König der amerikanischen Komödien war, sich schon lange hätte zur Ruhe setzen können. Er hatte alles erreicht, was er wollte. Doch mit 75 hatte er einen Terminkalender, mit dem ein Mann von Mitte 30 seine Probleme gehabt hätte. Viele glauben fälschlicherweise, dieser fröhliche Unterhaltungskünstler hätte es von Anfang an leicht gehabt. Der Kommentar seines Sohnes dazu klang ungefähr so: „Was die Menschen nicht verstehen, ist, daß mein Vater schon 40 war, als seine Karriere begann." Bob Hope war ein Spätstarter – und er hat sich immer noch nicht zur Ruhe gesetzt.

Wie man Schiffbruch vermeidet

In der Heiligen Schrift finden sich viele Beispiele für ein vitales Leben im Alter.

Mose war 80, als er zum Anführer der Israeliten wurde.

Kaleb, einer der Männer, die er als Spione mit Josua zusammen in das verheißene Land schickte, war 85, als er endlich sein Erbe antreten konnte. Kalebs Zeugnis sollte ein Vorbild für alle Kinder Gottes sein:

„Ich war vierzig Jahre alt, als mich Mose, der Knecht des Herrn, aussandte von Kadesch-Barnes, um das Land zu erkunden ... Und nun siehe, der Herr hat mich am Leben gelassen, wie er mir zugesagt hat. Es sind nun fünfundvierzig Jahre her, daß der Herr dies zu Mose sagte, als Israel in der Wüste umherzog. Und nun siehe, ich bin heute fünfundachtzig Jahre alt und bin noch heute so stark, wie ich war an dem Tage, da mich Mose aussandte. Wie meine Kraft damals war, so ist sie noch jetzt, zu kämpfen und aus- und einzuziehen. So gib mir nun dies Gebirge, von dem der Herr geredet hat an jenem Tage" (Josua 14,7.10-12).

Kaleb meldete seine Besitzansprüche in einem Alter an, in dem die meisten Menschen in Rente sind und bei ihren Verwandten leben. Der Berg, von dem er sprach, stand in einem Land, das von den Israeliten noch nicht in Besitz genommen war. Dort herrschten noch die Anakiter, einer der schrecklichsten Stämme Kanaans. Eine ganz schöne Aufgabe für einen Rentner. Dennoch stürzte sich Kaleb in diese Aufgabe, weil Mose ihm dieses Land als Belohnung für seinen Glauben versprochen hatte. Er hatte sein Lebensziel nie aus den Augen verloren, und noch mit 85 wollte er alles daran setzen, dieses Ziel zu erreichen.

Kaleb bekam den Berg: „Daher wurde Hebron das Erbteil Kalebs ... weil er dem Herrn, dem Gott Israels, treulich gefolgt war." (Josua 14,14). Wenn Sie Ihre Lebensziele genauso konsequent verfolgen, dann wird Gott Ihnen auch Ihren Berg geben, was immer das auch sein mag. Es ist nicht Gottes Plan für Sie, daß Sie nach einem Wendepunkt in Ihrem Leben nur noch vor sich hinvegetieren. Zum Beispiel, wenn die Kinder aus dem Haus sind, oder wenn Sie Ihren Beruf aufgeben mußten. Es gibt keinen Grund, anzunehmen, es gäbe einen Höhepunkt im Leben, nach dem es nur noch abwärts geht. Gott will nicht, daß Sie mit 60, 70, 80 oder 90 auf der Sandbank festsitzen.

Versichern Sie sich selbst, daß Sie noch nicht aufgelaufen sind.

Vielleicht klingt das ein bißchen zu optimistisch für Sie, schließlich baut der menschliche Körper im Alter doch ab. Die Kräfte lassen nach und die Gebrechen nehmen zu, so daß die Beweglichkeit eines Menschen eingeschränkt wird und gesellschaftliche Kontakte nur noch schwer möglich sind. Ich kann Ihnen nur sagen: Ich kenne die Einschränkungen, die das Alter mit sich bringt. Wenige unter uns fühlen sich mit 85 so wie Kaleb, der von sich selbst sagte: „Ich bin heute so stark wie ich war an dem Tag, als mich Mose aussandte."

In Ländern wie Großbritannien, wo viele familiäre Strukturen auseinandergebrochen sind, werden alte Menschen schnell zu Außenseitern im wahrsten Sinn des Wortes. Sie bekommen selten Besuch und vegetieren in einem alten, düsteren Haus vor sich hin, wo ihnen nur die Erinnerungen ein bißchen Freude bringen.

Im letzten Abschnitt werde ich über solche Menschen schreiben. Jetzt möchte ich nur betonen, daß besonders in relativ reichen Ländern wie Deutschland und den USA das Alter zu einem guten Teil das ist, was wir selbst daraus machen. Natürlich können die Einschränkungen des Alters dazu führen, daß man sich einsam fühlt, aber das kann Ihnen in jedem anderen Alter auch passieren. Wenn man alt ist, heißt das nicht automatisch, daß man sich geschlagen geben muß.

Ich möchte Ihnen gerne eine gute alte Bekannte von mir vorstellen, mit der ich heute nachmittag telefoniert habe: Frau A.R. Almon. Sie werden kaum jemanden finden, der mehr beeinträchtigt ist als sie. Sie ist 95 Jahre alt. Ihr Mann ist vor einigen Jahren gestorben. Weil sie unter Arthritis leidet, kann sie nicht alleine laufen. Sie kann nicht in der Bibel oder in irgendeinem anderen Buch lesen, weil sie blind ist. Sie ist völlig an das Haus gefesselt.

Ich habe sie gefragt, ob sie sich je einsam gefühlt hat. Sie bejahte, es habe Zeiten gegeben, in denen sie sich einsam fühlte, aber sie fühle sich jetzt nicht einsamer als früher, als sie noch gesund war. Sie freute sich darüber, daß zwei alte Freundinnen, die beide über 70 sind, sie vor kurzem besucht haben. Außerdem genieße sie es, mit ihren Krankenschwestern zusammen zu sein. „Ich kann Ihnen sagen, Dr. Haggai“, sagte sie mir am Telefon, „daß Sie, solange Sie Mensch sind, immer wieder gute und schlechte Zeiten erleben werden. Gott ist immer da. Ich muß mich nur an ihn wenden. Zu wissen, daß er immer da ist, ist ein wunderbares Gefühl.“

Was ist das Geheimnis von Frau Almon? Sie hat sich einfach Gottes Verheißungen zu Herzen genommen – sie weiß, daß Gott sie nie im Stich lassen wird. Auch wenn sie schmerzhaft unter ihrer Einsamkeit zu leiden hat, so hat Gott ihr doch die Kraft gegeben, sie zu besiegen. Meiner Meinung nach steht sie deshalb auf einer Stufe mit Herbert Hoover und Harry Truman. Auch sie kam nach ihrem 60. Geburtstag so richtig in Schwung.

Wenn Sie also das Gefühl haben, Sie sitzen schon auf einer Sandbank, dann fragen Sie sich selbst: „Sitze ich hier fest, weil Gott mich hierhin gesteuert hat, oder habe ich mich selbst in diese Lage gebracht?“ Wenn Sie glauben, es sei Gottes Fehler gewesen, dann denken Sie noch einmal darüber nach.

Natürlich verändert sich Ihr Leben, wenn Sie älter werden. Sie beschäftigen sich mit anderen Dingen und setzten sich andere Ziele, aber für Gott werden Sie sich immer noch in vielen Bereichen einsetzen können. Im Leben eines Christen gibt es keinen Ruhestand. Wenn Sie Ihre Pension beziehen, dann heißt das nicht, daß Sie keine Verantwortung mehr für Ihren Geist und für Ihren Körper haben, oder daß Sie Ihr Wissen nicht mehr weitergeben müssen. Solange Sie leben, hat Gott für Sie etwas zu tun!

Hier ein paar Dinge, die Sie in Bewegung bringen sollen:

1. Überprüfen Sie Ihr geistliches Programm! Nichts ist einfacher, als im Alter selbstzufriedener zu werden. Bei evangelistischen Veranstaltungen bin ich immer wieder überrascht zu sehen, wieviele junge Menschen auf das Angebot, ihr Leben zu ändern oder eine neue geistliche Herausforderung anzunehmen, eingehen. Betrifft das nicht genausogut auch alte Menschen? Müssen sie ihren Glauben nicht immer wieder festmachen? Ich glaube schon, aber vielleicht sind sie einfach zu stolz, das zuzugeben.

Wer sich bei Weinen auskennt, der weiß: Je älter desto besser. Mit dem christlichen Glauben ist das nicht immer so. Petrus zum Beispiel war der älteste Jünger, aber er war es auch, der beim Prozeß leugnete, Jesus zu kennen. Oder denken Sie an David, den König und Großvater, der mit Bathseba Ehebruch beging und ihren Mann Uria in den sicheren Tod schickte. Abraham hat sich auch nicht gerade mit Ruhm bekleckert, als er Sarah vor dem Pharao als seine Schwester ausgab und damit ihre Unschuld aufs Spiel setzte. Und was Noah angeht – fällt einem Mann, der 500 Jahre hinter sich hat, nichts Besseres ein, als sich betrunken machen zu lassen?

Man glaubt schnell, man sei in der Gnade gewachsen, obwohl man in Wirklichkeit nur an Wissen zugenommen hat. Beginnen Sie deshalb zunächst damit, Ihr Verhältnis zu Gott sorgsam zu überprüfen. Denken Sie darüber nach, was Sie ihm geben, wie Sie den ersten Tag der Woche, den Sonntag, nutzen und was Sie selbst in die Gemeinde einbringen. Vielleicht ist das nur ein kleiner Anfang, aber Sie werden einiges daraus lernen.

2. Überprüfen Sie Ihren Körper! Lassen Sie sich gründlich untersuchen. Es gibt nichts Dümmeres, als einer solchen Untersuchung deshalb aus dem Wege zu gehen, weil man Angst hat, daß dabei etwas gefunden wird. Wenn Sie in guter Verfassung sind, dann gibt es keinen Grund, sich Sorgen zu machen. Wenn sich aber herausstellen sollte, daß Sie unter einer ernsthaften Krankheit leiden, wie zum Beispiel Krebs, dann werden Sie länger leben, wenn die Krankheit früh genug festgestellt wird.

Denken Sie darüber nach, was Sie heute Abend auf Ihrem Teller haben möchten. Ist das gut für Sie, oder ist es ungesund, weil es zum Beispiel schlecht für das Herz ist? Ernähren Sie sich ausgewogen? Stellen Sie sicher, daß Sie das richtige zur rechten Zeit und in gesundem Maß essen.

Wenn sie kein regelmäßiges Trainingsprogramm haben,

dann sprechen Sie mit Ihrem Arzt darüber und stellen Sie gemeinsam eines auf. Seien Sie dabei realistisch: 18 Löcher auf dem Golfplatz zu spielen ist keine besondere Leistung, wenn Sie mit dem Elektroauto von Bahn zu Bahn fahren. Gehen ist eine gute Übung, und es ist ungefährlich.

Beim Laufen sollte man am besten den Rat eines Fachmannes einholen. Versuchen Sie nicht, da weiterzumachen, wo Sie vor 30 Jahren aufgehört haben. Ihr Körper kann vielleicht mehr, als Sie für möglich halten, aber wenn Sie lange nicht trainiert haben, dann müssen Sie vorsichtig wieder anfangen.

3. Überprüfen Sie Ihr geistiges Programm! Eine gute Hilfe kann es sein, wenn man sich angewöhnt, viel zu lesen. Natürlich ist es das Beste, man beginnt früh am Morgen mit der Lektüre der Bibel. Überlegen Sie, nach welchen Gesichtspunkten Sie Ihre Bücher aussuchen wollen. Entscheiden Sie das selbst, oder lassen Sie sich von den Bestsellerlisten der Zeitschriften inspirieren? Setzen Sie auch Ihr Gedächtnis ein. Lernen Sie Gedichte, Bibelverse oder wichtige Geschichtsdaten auswendig. Wenn Sie etwas Zeit übrig haben, dann können Sie auch einen Lektürekurs an der Volkshochschule besuchen. Das bringt Schwung in Ihr Denken.

4. Überprüfen Sie Ihr gesellschaftliches Leben! Als erstes notieren Sie, was Sie an Ihrem Lebensstil schon geändert haben, um die Einsamkeit zu besiegen. Üben Sie sich noch immer darin, Danke zu sagen? Kontrollieren Sie noch immer Ihr Denken? Wirken Sie fröhlich oder traurig, energisch oder schlapp? Reden Sie lieber über Probleme als über positive Dinge?

Wenn Sie auch nur bei einer dieser Fragen mit „Ja" antworten mußten, dann sollten Sie Ihren Lebensstil noch einmal überprüfen. Versuchen Sie noch immer, neue Freunde zu gewinnen und die alten Freundschaften zu pflegen? Wie großzügig gehen Sie mit Ihren Freunden um? Stellen Sie sie bei Gelegenheit anderen vor? Beantworten Sie Briefe umgehend? Kann man sich darauf verlassen, daß Sie Geburtstage und andere Feste nicht vergessen? Wie wäre es, wenn Sie einfach in den Wagen springen und unangemeldet bei einem Freund vorbeischauen, weil Sie ihn sehen wollen? Rufen Sie jemanden an, der lange nicht von sich hat hören lassen, oder schicken Sie jemandem Blumen, dem es gut geht, anstatt zu warten, bis er krank wird oder stirbt.

5. Überprüfen Sie Ihren Willen! Halten Sie das, was Sie versprechen? Man kann ein Versprechen schnell vergessen, wenn niemand daran denkt, aber das schwächt Ihren Charakter. Wie der Prediger schreibt: „Es ist besser, du gelobst nichts, als daß du nicht hältst, was du gelobst." (Prediger 5,4).

Wenn Sie also etwas versprechen – auch wenn Sie es nur sich selbst gegenüber tun –, dann überprüfen Sie vorher den Einsatz. Entscheiden Sie sich, ob Sie bereit sind, den Preis zu zahlen oder nicht, und ob Sie auch in fünf Jahren noch dazu stehen. Denken Sie daran: Verläßlichkeit zeigt sich darin, daß ein Versprechen auch dann eingehalten wird, wenn sich die Umstände, unter denen es gegeben wurde, geändert haben. Sind Sie so verläßlich? Wenn ja, dann werden Sie die Einsamkeit besiegen.

Nachwort

Es gibt nichts Schöneres, als mit Christus einen persönlichen Sieg in einem bestimmten Bereich des Lebens zu erringen.

Wenn Sie die Einsamkeit besiegen, dann werden Sie das erleben. Mit Paulus können Sie dann sagen, daß Sie mehr sind als ein Eroberer: „Denn ich bin gewiß, daß weder Tod noch Leben, weder Engel noch Mächte noch Gewalten, weder Gegenwärtiges noch Zukünftiges, weder Hohes noch Tiefes noch eine andere Kreatur uns scheiden kann von der Liebe Gottes, die in Christus Jesus ist, unserem Herrn.“ (Römer 8,38-39).

Denken Sie an die Verheißung, die Gott Josua gegeben hat, und die Ihnen ebenso gilt: „Ich will dich nicht verlassen, noch von dir weichen.“ Warum kann Gott versprechen, daß er Sie nie verlassen wird? Weil Sie durch Christus nichts von ihm trennen kann: „Weder Gegenwärtiges noch Zukünftiges“, schreibt Paulus. Das schließt die Einsamkeit, die Sie gerade erleben, ebenso ein wie die Einsamkeit, die Sie noch erleben werden. Nie wieder wird sie sich wie eine dunkle Wolke über Ihre Persönlichkeit legen und Sie lähmen. Nie wieder wird sie verhindern, daß Sie Gott mit Ihren Gaben dienen können.

Kommen Sie mit Gott ins reine, mit sich selbst und mit anderen – und der Sieg gehört Ihnen!

Wenn Sie sich die Ratschläge dieses Buches zu Herzen genommen haben und es nicht einfach durchgelesen haben, dann haben Sie einen ganz neuen siegreichen Bereich des Lebens entdeckt. Äußere Anzeichen dieses neuen Lebensstils werden sein: Dankbarkeit, bereitwilliges Dienen, Liebe zu anderen Menschen und über allem eine enge Beziehung zu dem Herrn Jesus Christus. Machen Sie diese Beziehung zur Wurzel und Quelle Ihrer Zufriedenheit.

Natürlich wird es immer noch harte Herausforderungen und Prüfungen in Ihrem Leben geben. Gott wird immer wieder zulassen, daß Ihr Weg Sie auf unebenes Gelände führt, damit Sie seine Hand um so fester packen. Aber davon sollten Sie sich nicht entmutigen lassen. Man sagt, der Märtyrer John Noyra habe sich auf dem brennenden Scheiterhaufen stehend hinuntergebeugt, um einen glühenden Ast zu küssen. Er schrie: „Gelobt sei Gott, der mich durch meine Geburt zu dieser Ehre berufen hat!“ Wenn er Gott für eine so harte Gnade danken konnte, dann sollte uns das in unseren kleinen Schwierigkeiten nicht schwerfallen. Weil Gott verheißen hat, immer bei uns zu sein, und weil in seiner Gegenwart „dieser Zeit Leiden nicht ins Gewicht fallen gegenüber der Herrlichkeit, die an uns offenbart werden soll.“ (Römer 8,18).

Aber Vorsicht: Es besteht die Gefahr, daß Sie zu sehr um sich selber kreisen, wenn Sie sich mit Ihrer Einsamkeit beschäftigen. Sie sind vielleicht ein einsamer Mensch und haben als Kind Gottes doch alles Recht der Welt, den Sieg über die Einsamkeit zu erringen, aber denken Sie daran, daß es noch andere Menschen gibt, die vielleicht noch einsamer sind als Sie. Können Sie den Segen der Gegenwart Gottes genießen, während ein anderer Mensch von der Einsamkeit überwältigt wird? – Ich denke nicht. Und ich würde dem Wort Gottes widersprechen, wenn ich Ihnen etwas anderes raten würde. Wie Paulus den Galatern geschrieben hat: „Einer trage des andern Last, so werdet ihr das Gesetz Christi erfüllen.“ (Galater 6,2).

Deshalb möchte ich Ihnen zum Schluß noch einen kleinen praktischen Hinweis mit auf den Weg geben. Wenn Sie mit der Einsamkeit Probleme haben, dann lassen Sie sich als Christ dazu herausfordern, anderen bei der Bewältigung Ihrer Einsamkeit zu helfen. Sicher werden Sie in Ihrer Umgebung jemanden finden, der Ihre Freundschaft braucht. Nehmen Sie sich dieses Menschen an, nicht von oben herab, daß er sich überrumpelt und bevormundet fühlt, sondern versuchen Sie, eine stabile Beziehung zu ihm aufzubauen. Sie werden entdekken, daß Ihnen das mehr Segen bringt, als Sie erwarten.

In einer solchen Atmosphäre der selbstlosen Liebe kann die

Einsamkeit nicht überleben. Freuen Sie sich deshalb darüber, daß Sie kein Kind der Welt mehr sind, sondern ein Kind des Himmels, das mit allem ausgestattet ist, was es für die Pilgerreise durch das Leben an der Hand Gottes braucht. Wie Paulus, so sind auch Sie durch Christus, der Sie liebt, viel mehr als ein Eroberer.

Herzlichen Glückwunsch – Sie gehören zu den Gewinnern!

Chris Thurman
Lügen, die wir glauben
Der Grund Nr. 1 für unser Unglücklichsein

Kaum zu glauben, welchen Lügen wir in den unterschiedlichsten Lebensbereichen auf den Leim gehen: „Du bist schuld, daß ich nicht glücklich bin!", „Ich muß perfekt sein!", „Du mußt alle meine Bedürfnisse erfüllen!", „Gott wird mich vor allem Übel bewahren!" ...
Die Heimtücke der Lebens-Lügen besteht eben darin, daß sie uns so lange schaden, wie sie uns als die reine Wahrheit erscheinen. Damit vernebeln sie uns die wirklich freie Lebensgestaltung. Aber mit fachkundiger Hilfe kann dieser Schleier vor dem wahren Lebensglück zerrissen werden!
Paperback, 218 Seiten
Bestell-Nr. 815 149

John Cowart
Warum bekomme ich nicht, um was ich bete?

Warum bekomme ich eigentlich nicht, um was ich bete? Warum werden manche Gebete scheinbar erhört und andere nicht? Bete ich „falsch", oder stimmt etwas nicht mit meinem Glauben? Interessiert sich Gott wirklich für meine Anliegen? Und was macht Beten überhaupt für einen Sinn, wenn Gottes Wille ohnehin geschieht?
Mit befreiender Ehrlichkeit und ansteckendem Humor läßt sich der Autor ganz bewußt auf seine eigenen Fragen und Zweifel zum Thema Gebet ein.
Aber Vorsicht: Dieses Buch liefert Ihnen keine Anleitung für ein „erfolgreiches" Gebetsleben – und auch keine genußfertig servierte Antwort auf die bohrende Frage: „Warum bekomme ich nicht, um was ich bete?"
Mehr und mehr entwickelt sich die Lektüre dieses Buches zu einem geistlichen Abenteuer, an dessen Ende Sie zu neuen Perspektiven und persönlichen Antworten kommen können.
Paperback, 200 Seiten
Bestell-Nr. 815 343